소그룹 성경 공부 교재

베드로전서

오정현 지음

열정의 비전 메이커 오정현 목사는
한 사람을 그리스도 안에서 온전한 제자로 세우는 제자훈련을 목회철학으로 삼고
'제자훈련의 국제화'와 '한국 교회 제2의 부흥'을 위해 쉬지 않고 달려가고 있다.
현재 사랑의교회 담임목사이다.

오정현 다락방 시리즈 7

베드로전서

초판 1쇄 발행 2015년 8월 25일
초판 3쇄 발행 2023년 12월 22일

지은이 오정현

펴낸이 박주성
펴낸곳 국제제자훈련원
등록번호 제2013-000170호(2013년 9월 25일)
주소 서울시 서초구 효령로 68길 98 (서초동)
전화 02-3489-4300 **팩스** 02-3489-4329
E-mail dmipress@sarang.org

표지 이미지 빈센트 반 고흐, 「Fishing boats at Saintes Maries de la Mer」

ISBN 978-89-5731-693-1 04230

※ 책값은 뒤표지에 있습니다. 잘못된 책은 구입하신 곳에서 교환해 드리니다.

국제제자훈련원은 건강한 교회를 꿈꾸는 목회의 동반자로서 제자 삼는 사역을 중심으로
성경적 목회 모델을 제시함으로 세계 교회를 섬기는 전문 사역 기관입니다.

오정현 다락방 시리즈 7

베드로전서

고난의 때를 넘는 견고한 하나님의 돌보심

오정현 지음

국제제자훈련원

소그룹 성경 공부 교재 사용에 대하여

제자훈련의 열매는 훈련된 평신도 지도자들이 사역하는 소그룹(구역, 다락방, 셀, 목장)이라 할 수 있다. 소그룹이란 성도 간에 아름다운 사랑의 교제를 나누며, 말씀 안에서 영적으로 성숙해가도록 서로 돕고, 믿지 않는 사람들을 초청하여 복음을 나누는 작은 단위의 공동체이다. 소그룹은 하나님의 말씀에 기초한다. 그러므로 각자의 삶을 드러낼 수 있도록 돕고, 변화되어야 할 삶의 목표를 분명하게 제시할 수 있는 좋은 교재가 마련되면 소그룹을 운영하는 데 큰 도움을 얻는다. 그러나 분주한 목회자의 입장에서는 직접 교재를 만든다는 것이 그리 쉬운 일이 아니다. 이런 어려움을 해결할 수 있도록 돕기 위해 마련된 것이 '오정현 다락방 시리즈'이다.

본 시리즈를 사용하는 데 있어 다음 몇 가지를 참고하기 바란다.

1. 이 교재는 소그룹에서 귀납적인 방법으로 성경을 공부하기 위해 만든 것이다. 즉, 성경의 가르침을 일방적으로 주입하는 대신 충분한 토의를 통해 구성원들의 생각을 먼저 정리하고 그것을 성경의 가르침과 비교하도록 구성되어 있다. 결코 해답 베껴 쓰기 식의 공부가 되지 않도록 해야 한다. 서툴더라도 자기 인식과 활발한 토의 참여로 생생한 결론이 나올 수 있도록 해야 한다. 따라서 지도자는 소그룹 환경에서 귀납적 방법으로 성경을 공부하는 것이 무엇인지를 반드시 먼저 배워야 한다.

2. 이 교재는 교역자가 매주 소그룹 지도자들을 먼저 예습시킨 다음 사용하게 해야 바람직한 효과를 기대할 수 있다. 소그룹 지도자가 공부할 내용을 충분히 이해해야 한다. 그냥 교재만 던져주고 마음대로 사용하게 하는 것은 좋지 않다.

3. 소그룹에 참석하는 구성원들은 반드시 예습을 하도록 권장해야 한다.

4. 한 과를 공부하는 데에는 한 시간 이상이 필요하다. 그러므로 각 문제에 따라 답만 찾아보고 넘어가야 할 것과 충분한 토의를 통해 진지하게 적용할 것을 잘 구별해서 진행하는 것이 중요하다.

말씀 속에서 예수님의 만져주심을 경험하는 복된 시간이 되시기를

"그리스도인은 하루하루를 어떻게 살아야 하나?" 이는 아마도 모든 목회자의 심중에 깔린 질문일 것입니다. 여기에는 "어떻게 사는 것이 진정으로 그리스도인답게 사는 걸까?" 하는 단순하지만 결코 쉽게 대답할 수 없는 내용이 담겨 있습니다. 지난 30여 년의 사역을 돌아보면, 의식하거나 때로 의식하지 못했을 때조차 이 질문은 제 목회의 방향을 세우는 데 길잡이 역할을 했습니다.

이번 다락방 교재인 「베드로전서」는 이 질문에 대한 답을 정면으로 하고 있는 서신서라고 할 수 있습니다. 현재 우리의 삶이 아무리 팍팍하다고 해도 대부분의 신자들에게는 베드로가 말한 '불같은 시험' 이상의 상황일 수는 없습니다. 당시 신자들의 고통이 얼마나 처절했는지, 신약에서 고난에 대한 언급이 가장 많은 성경이 베드로전서입니다. 아마도 이 글을 쓴 베드로 사도의 심장은 성도들이 당하는 불같은 맹렬한 시련을 체감하면서 찢겨지고 물처럼 녹아내렸을 것입니다.

그리스도인은 우리의 고통을 체휼하시는 예수님의 만져주심으로 하루하루를 힘 있게 살아갈 수 있습니다. 진짜 그리스도인은 광야에서 매일의 만나를 먹고 산 이스라엘 백성처럼 하루치의 은혜를 먹고 살다가 다음 날 또 새로운 하루치의 은혜를 먹으며 살아가는, 영적인 하루살이 그리스도인이라고 할 수 있습니다.

다락방에서 매 과를 다룰 때마다 거친 광야에서 이스라엘 백성들이 누린 만나의 은혜에 젖어들기를 바랍니다. 특히 고통의 강을 지나는 모든 사람들이 다락방을 통해 하나님의 돌보심을 경험하여 이 세상을 살아갈 새 힘을 회복하는 시간이 되기를 기도합니다.

사랑의교회 오정현 목사

차례_

Lesson 1

거룩한 나그네의 정체성

베드로전서 1:1~2

1 예수 그리스도의 사도 베드로는 본도, 갈라디아, 갑바도기아, 아시아와 비
두니아에 흩어진 나그네
2 곧 하나님 아버지의 미리 아심을 따라 성령이 거룩하게 하심으로 순종함
과 예수 그리스도의 피 뿌림을 얻기 위하여 택하심을 받은 자들에게 편지
하노니 은혜와 평강이 너희에게 더욱 많을지어다

마음의 문을 열며

그리스도인은 이 땅에서 살지만 하늘 본향을 향해 나아가는 거룩한 나그네입니다. 그리스도인으로서 실패하는 많은 경우는 이러한 나그네 의식이 부재하기 때문입니다. 이 땅에서 영원히 살 것처럼 세상에 집착하고, 쾌락에서 벗어나지 못하는 이유가 여기에 있습니다. 베드로가 말한 것처럼 우리가 이 땅에서 나그네 의식을 분명하게 가지고 살아간다면 세상적으로는 초라해 보일지 몰라도 하나님 보시기에는 기뻐하는 삶을 살 수 있습니다.

그러나 한편으로 우리는 하나님께서 창조하신 이 땅에서 주인의식을 가지고 살아가야 할 책임도 있습니다. 어떻게 하면 이 땅에서 거룩한 나그네의 정체성을 갖고 땅의 유혹에 흔들리지 않으면서 동시에 이 땅을 잘 관리하고 다스리는 주인의식을 가지고 살아갈 수 있을까요?

오늘 말씀을 통해 거룩한 나그네로서 이 땅에 하나님의 나라를 세우며 살아갈 수 있는 하늘의 지혜를 얻고 그렇게 살아갈 능력을 확보할 수 있기를 바랍니다.

말씀의 씨를 뿌리며

1. 베드로는 그리스도인들을 어떻게 부르고 있습니까? (참고/ 히 11:13~14)

• 1절

2. 그리스도인은 이 땅에서 거룩한 나그네로 살아가는 존재입니다. 우리를 거룩한 나그네로 부르시기 위해 성부와 성자와 성령 하나님께서 함께 역사하고 계십니다. 삼위 하나님께서 우리의 구속 사역을 위해 어떻게 역사하고 계신지 살펴보세요.

• 2절

3. 베드로가 당시 극심한 박해를 받고 있던 소아시아 교인들에게 "여러분은 하나님의 선택을 받은 자"라고 한 말은 교리적인 의미 이상으로 깊은 뜻을 담고 있었습니다. 선민의식에 사로잡혀 있던 유대인 베드로가 이방인에 대한 하나님의 선택에 눈이 열린 결정적인 사건은 무엇입니까?

• 행 11:17~18

4. 하나님의 선택은 무차별적이며 전적인 하나님의 은혜입니다. 우리는 하나님의 주권적 선택을 받고 이 땅에서 거룩한 나그네로 살아가는 사람들입니다. 이 땅에서 하나님의 선택을 받은 거룩한 나그네 의식을 가지고 살아가는 사람이 세상과의 관계에서 지녀야 할 태도는 무엇입니까?

• 요일 2:15~17

5. 적지 않은 신자들이 주일에는 그리스도인으로 예배를 드리지만, 주 중에는 세속의 모자를 쓰고 살고 있습니다. 세속의 모자가 우리 이마를 가려서 주변 사람들조차 우리가 그리스도인인지 모를 때가 있습니다. 당신이 예수 믿는 모습을 숨기거나 가리게 되는 이유는 무엇이라고 생각합니까? (참고/ 요 18:25)

6. 다음의 글을 읽고 '진짜 그리스도인'은 어떤 사람을 말하는지 구체적으로 나누어보세요.

중국 소주에 있는 한국의 모 전자회사에 근무하는 A 부장은 다양한 색상의 좋은 노트북 케이스를 만드는 회사를 수소문하던 중 대만에 있는 회사에 구입을 의뢰했습니다. 그런데 그 회사 사장은 '한국에 있는 모 전자회사에는 절대로 자재를 납품하지 않는다'는 원칙을 세워놓고 있었습니다. 이 같은 사실을 안 A 부장은 회사 담당자들에게 사장과의 자리를 주선해주도록 요청했습니다.

하나님의 도우심을 구하며 기도한 후에 드디어 사장을 만나게 되었는데, 그 사장은 A 부장을 만나자마자 어느 회사에서 왔느냐고 물었습니다. 거짓말을 할 수 없던 A 부장은 한국의 모 전자회사에서 왔다고 대답했습니다. 그 말을 들은 대만 사장은 "내가 한국에 있는 모 전자회사에는 절대로 팔지 말라고 얘기했는데, 왜 내게 이런 일을 주선했느냐"고, 주선한 직원을 호통했습니다.

오랜 기도와 노력이 수포로 돌아가 낙담한 채 앉아 있는 A 부장에게 대만 직원이 담배를 건넸습니다. A 부장은 담배를 마다하면서 다음과 같이 말했습니다.

"저희 회사를 위해 당신이 애를 많이 써준 것에 대해 정말로 고맙고 미안하게 생각합니다. 그리고 담배를 주셨는데, 저는 진짜 크리스천입니다. 진짜 크리스천은 세 가지를 하지 않습니다. 첫째, 술과 담배를 즐기지 않습니다. 둘째, 아내 외에 다른 여자를 가까이하지 않습니다. 셋째, 거짓말을 하지 않습니다. 저는 거짓말을 할 수 없어서 한국 모 전자회사에서 왔다고 사장님께 말씀드렸습니다. 정말 미안합니다."[1)]

7. 우리가 이 땅에서 세상적인 유혹을 떨쳐내고 거룩한 나그네로 살기 위해서는 세상의 평가보다 하나님의 평가가 훨씬 중요하다는 사실에 눈이 열려야 합니다. 그리고 세상에서 우리가 처한 조건은 때로 부족할 수 있지만 하나님과 동행하는 우리 삶은 무척 귀하다는 사실을 전적으로 믿어야 합니다. 세상의 평가보다 하나님의 평가를 더 중요하게 생각하고, 세상적인 처지보다 하나님과 동행하는 삶을 더 귀하게 생각하기 위한 당신의 결심을 말해보세요.

삶의 열매를 거두며

하나님은 우리를 선택하시고, 날마다 천국 본향을 향해 전진하는 거룩한 나그네로 부르셨습니다. 그러나 이 땅에서 선택받은 거룩한 나그네 의식을 가지고 살아가는 것은 쉬운 일이 아닙니다. 거룩한 나그네 의식을 가지고 살아간다는 것은 하나님 왕국의 왕실 친위대로서, 성령님과 동행하는 거룩한 대리인으로서, 또한 늘 우리 몸에 예수님의 피 뿌림을 기억하면서 겸손하게 사는 것을 의미합니다. 그런 사람들은 이 세상에서 부자가 되기를 구하기보다는 그리스도를 아는 지식에 부요하기를 원할 것입니다. 세상에서 더 쉬운 길을 열어달라고 기도하기보다는 주님이 원하시는 삶의 길을 살아갈 용기를 달라고 기도할 것입니다. 이 땅에서 거룩한 나그네로 살기 위한 당신의 기도는 무엇입니까?

Lesson 2

산 소망

베드로전서 1:3~7

3 우리 주 예수 그리스도의 아버지 하나님을 찬송하리로다 그의 많으신 긍
휼대로 예수 그리스도를 죽은 자 가운데서 부활하게 하심으로 말미암아
우리를 거듭나게 하사 산 소망이 있게 하시며
4 썩지 않고 더럽지 않고 쇠하지 아니하는 유업을 잇게 하시나니 곧 너희를
위하여 하늘에 간직하신 것이라
5 너희는 말세에 나타내기로 예비하신 구원을 얻기 위하여 믿음으로 말미암
아 하나님의 능력으로 보호하심을 받았느니라
6 그러므로 너희가 이제 여러 가지 시험으로 말미암아 잠깐 근심하게 되지
않을 수 없으나 오히려 크게 기뻐하는도다
7 너희 믿음의 확실함은 불로 연단하여도 없어질 금보다 더 귀하여 예수 그
리스도께서 나타나실 때에 칭찬과 영광과 존귀를 얻게 할 것이니라

마음의 문을 열며

절망한 적이 있습니까? 높은 곳에 올라갔다가 한길 낭떠러지로 떨어지고, 너무 캄캄해서 길을 잃은 것 같은 경험 말입니다. 시편 기자는 "나는 물같이 쏟아졌으며 내 모든 뼈는 어그러졌으며 내 마음은 밀랍 같아서 내 속에서 녹았으며"(시 22:14)라고 절망을 표현했습니다.

그러나 절망은 하나님의 말씀이 없는, 그리스도 밖에 있는 사람들의 것입니다. 예수님을 몰랐을 때는 우리 역시 절망 속에서 살았습니다. 오늘 본문은 더 이상 소망이 없는 우리에게 예수님이 산 소망이 되셨음을 선포하고 있습니다. 그러므로 더 이상 그리스도인에게 절망은 없습니다. 예수님의 신실한 제자에게는 그 어떤 상황 속에서도 결코 꺼지지 않는 불씨처럼, 타오르는 산 소망이 있습니다. 오늘 말씀 속에서 그 놀라운 산 소망을 붙잡고 사는 능력을 확보하는 시간이 되시기를 바랍니다.

말씀의 씨를 뿌리며

1. 오늘 본문에서는 믿는 자가 산 소망을 가져야 할 이유를 세 가지로 말씀하고 있습니다. 그 첫 번째는 무엇입니까?

• 3절

2. 어떠한 경우에도 우리가 산 소망을 붙들고 살 수 있는 두 번째 이유는 무엇입니까?

• 4절

3. 우리가 절망 중에서도 산 소망을 가지고 찬송할 수 있는 세 번째 이유는 무엇입니까?

• 5절

4. 그리스도인에게는 산 소망이 있지만 그 사실 자체가 고통이 면제되고 언제나 기쁨 속에 있게 된다는 것을 의미하지 않습니다. 아담이 범죄한 이후로 그 누구든지 이 세상에 발을 딛고 사는 한 시련과 어려움을 겪습니다. 그러나 성경은 우리가 '지금 당장' 겪고 있는 현실의 어려움을 일시적인 것이라고 말씀합니다. 지금 겪고 있는 어려움이 '잠깐'이란 말씀은, 당신에게 어떻게 다가옵니까?

• 6절

5. 성경은 그리스도인의 확실한 믿음이 금보다 더 귀하다고 말씀합니다. 왜 신자의 믿음을 '금'과 비교하는지 생각해보고, 어떻게 해야 현실의 시련 속에서도 확실한 믿음을 가질 수 있을지 나누어보세요.

• 7절

6. 다음 글을 읽고, 고통스러운 삶의 현장에서 산 소망을 가지는 것이 어떤 의미인지 생각해봅시다.

몇 년 전에 세상을 떠난 이민아 변호사는 망막 손상의 실명 위기를 겪었고 암이 재발되는 고통 속에서 살았습니다. 그는 또한 애지중지하던 첫째 아이가 영문도 모른 채 갑작스럽게 돌연사하는 극심한 환난을 겪었습니다. 그는 정말 불같은 고통 속에 있었다고 할 수 있습니다.
"아이가 죽었을 때, 살아갈 소망이 끊어져서 온몸에 질병이 왔습니다. 너무 많이 울어서 눈앞이 안 보이기 시작하고, 멀쩡하던 손이 주먹을 쥘 수 없을 정도로 심한 신경통이 왔습니다. 숨을 쉴 수 없을 정도로 가슴이 답답하고 악성 빈혈이 왔습니다. 그때 제게 생명 줄이 되었던 성경구절이 고린도후서 1장 4절입니다. '우리의 모든 환난 중에서 우리를 위로하사 우리로 하여금 하나님께 받는 위로로써 모든 환난 중에 있는 자들을 능히 위로하게 하시는 이시로다.'"
이민아 변호사는 이 말씀을 받은 이후 불같은 고통 중에서도 환난 중에 있는 다른 사람을 위로하고 섬기는 중보자로 남은 생을 살다가 하나님의 부르심을 받았습니다.

7. 하나님은 세상적으로 부족함이 없는 사람을 찾지 않으십니다. 하나님께서는 불과 같은 시험을 잘 통과한 신실한 하나님의 자녀를 찾으십니다. 지금 고통 중에 있습니까? 불과 같은 시험 속에 있습니까? 그 고통 가운데에서도 하나님은 지극한 기대감 속에 우리를 지켜보고 계심을 믿어야 합니다. 더불어 지금 고통을 겪고 있다면 그 가운데 경험한 하나님을 나누어보세요.

삶의 열매를 거두며

그리스도인에게는 절망이 먼저 있고 소망이 따라오는 것이 아니며, 시련이 먼저 있고 기쁨이 뒤에 있는 것이 아닙니다. 절망 속에서 산 소망을 경험하며, 시련 속에서 기쁨을 함께 누리는, 참으로 독특한 은혜가 우리에게 있습니다. 용광로 같은 시험을 통과하는 순간 그 자리에 우리 주님이 함께하십니다. 불길 같은 고통 속에서도 감사와 기쁨의 산 소망이 있습니다. 예수님을 믿는 우리에게는 이러한 축복이 있습니다. 지금 겪고 있는 시련과 고통 속에서 다시 한 번 기쁨과 소망을 누릴 수 있기를 바랍니다. 지금 고통 중에 있는 당신은 이러한 은혜를 맛보며 살고 있습니까?

Lesson 3

구원받았으면 기뻐하라

베드로전서 1:8~12

8 예수를 너희가 보지 못하였으나 사랑하는도다 이제도 보지 못하나 믿고
말할 수 없는 영광스러운 즐거움으로 기뻐하니
9 믿음의 결국 곧 영혼의 구원을 받음이라
10 이 구원에 대하여는 너희에게 임할 은혜를 예언하던 선지자들이 연구하고
부지런히 살펴서
11 자기 속에 계신 그리스도의 영이 그 받으실 고난과 후에 받으실 영광을 미
리 증언하여 누구를 또는 어떠한 때를 지시하시는지 상고하니라
12 이 섬긴 바가 자기를 위한 것이 아니요 너희를 위한 것임이 계시로 알게
되었으니 이것은 하늘로부터 보내신 성령을 힘입어 복음을 전하는 자들로
이제 너희에게 알린 것이요 천사들도 살펴보기를 원하는 것이니라

마음의 문을 열며

베드로의 편지를 받은 사람들은 불같은 시험을 받던 사람들이었습니다. 어떤 이들은 예수 믿는 것 때문에 가정에서도 생업에서도 쫓겨나 비참한 생활을 했습니다. 신앙을 지키기 위해 지하 동굴에서 연명하던 사람들도 있었습니다. 그럼에도 그들은 말할 수 없는 영광스러운 즐거움으로 기뻐했습니다. 오늘 본문은 그토록 힘든 상황 속에서도 그들이 기뻐할 수 있었던 이유를 보여줍니다. 신자와 불신자를 판별하는 시금석이 여기에 있습니다. 이 기쁨은 세상이 주는 기쁨이 아닙니다. 또 세상이 줄 수 있는 기쁨도 아닙니다. 오직 구원받은 자만이 누릴 수 있는 기쁨입니다. 말씀을 통해 다시 한 번 그 기쁨에 젖어들기를 바랍니다. 그리고 삶의 밑바닥에서부터 샘솟는 이 기쁨을 통해 개인과 가정이 다시 살아나는 은혜가 있기를 바랍니다.

말씀의 씨를 뿌리며

1. 지금 베드로의 편지를 받은 사람들 중에는 예수님을 직접 만난 사람이 아무도 없습니다. 그럼에도 그들이 예수님 때문에 기뻐할 수 있는 이유는 무엇입니까?

   • 8절

2. 신자들이 고난 중에 기뻐하는 이유는 단지 예수님을 사랑하고 믿는 것 때문만이 아닙니다. 믿음으로 인해 주어지는 엄청난 선물이 있기 때문입니다. 우리가 예수님을 믿고 기뻐할 수 있는 궁극적인 이유는 무엇입니까?

   • 9절

3. 우리가 '믿음으로 구원을 받은 사실'은 험한 인생길에서 누리게 되는 '기쁨의 샘'이라고 할 수 있습니다. 믿는 자는 세상살이에서 목이 마를 때마다 다시금 구원의 샘에서 물을 마심으로 감사와 기쁨의 삶을 누릴 수 있습니다. 지금 당신은 그리스도인으로서 구원의 감격과 기쁨을 경험하고 있습니까? 그렇지 않다면 그 이유는 무엇인지 생각해봅시다.

4. 우리가 믿음으로 받은 구원은 구약의 선지자들이 대대로 탐구하고 연구하며 은혜를 누린 것입니다. 선지자들이 그토록 탐구하고 상고한 구원의 내용은 무엇입니까?

• 10~11절

5. 선지자들은 하나님의 말씀을 연구하며 그 구원의 복음을 후세에 전하기 위해 목숨마저 아끼지 않았습니다. 선지자들이 그토록 상고하고, 제자들이 기꺼이 자신의 목숨까지 내어놓으며, 천사들조차 흠모한 구원의 은혜를 당신은 일상의 삶에서 얼마나 느끼며 누리고 있습니까? 이를 위해 당신에게 더욱 필요한 것은 무엇이라고 생각합니까?

• 12절

6. 다음 글을 읽고 예수님을 믿고 구원받은 진정한 기쁨에 대해 생각해보세요.

그동안 사랑의교회 세례식에서 간증한 분들의 글을 보면, 그분들이 공통적으로 표현한 구원의 감격과 기쁨에 대한 단어들이 있습니다. 먼저 '눈물'이란 단어입니다. 말씀을 듣거나 찬양을 하면 눈물이 나서 어떤 분들은 예배를 드리러 올 때 반드시 손수건을 챙긴다고 했습니다. '감사'의 단어가 있었습니다. 오늘과 같은 구원의 날을 주셔서 감사하다는 고백이 있었습니다. '찬양'의 단어가 있었습니다. 자신도 모르게 입술에서 찬양이 흘러나왔다고 합니다. '평안'이 있었습니다. 예전에 받은 상처로 인해 마음속에 있던 미움과 원망이 치유되는 경험을 했다고 고백합니다. 그리고 '소망'이 있었습니다. 특히 예수님께 쓰임받고 싶은 소망이 생겼다고 기뻐했습니다. 얼굴이 밝아져서 주위 사람들로부터 좋은 일이 있느냐는 질문을 많이 받는다는 이야기를 했습니다. 하늘의 기쁨이 무엇입니까? 토마스 아 켐피스(Thomas à Kempis)는 『그리스도를 본받아』에서 "하늘에서 당신의 은혜를 쏟아주시고 하늘의 이슬로 내 마음을 축여주옵소서"라고 기도한 다음, 하늘의 기쁨이 우리 속에 임하면 "마른 땅 같은 마음이 살아나며 그 속에 경건한 시냇물이 흐르고, 내 속에서 선한 열매가 맺히고 죄의 부정한 것들이 떠나가며, 죄의 무게에 짓눌린 마음이 감동하여 하나님의 자녀들의 영광의 자유(롬 8:21)를 얻는다"고 말했습니다.

7. 갈수록 하나님에 대해 적대적으로 맞서는 세상에서 예수님을 믿으며 산다는 것은 결코 쉬운 일이 아닙니다. 베드로의 편지를 받은 사람들은 핍박으로 일상의 삶이 깨어지고, 목숨까지 내어놓는 상황을 맞았습니다. 그럼에도 그들은 예수님을 믿고 구원받은 것에 대해 이루 말할 수 없는 영광스러운 기쁨을 누렸습니다. 당신은 구원의 기쁨을 누리기 위해 일상의 즐거움을 포기한 적이 있습니까?

삶의 열매를 거두며

우리가 예수님을 믿고 구원을 받는 순간, 우리 운명은 이미 결정되었습니다. 우리의 이전 삶이 어떠하든 우리의 마지막은 영적인 승리가 보장되어 있습니다. 그러므로 우리의 남은 생은 구원의 기쁨으로 충만해야 합니다. 물론 우리의 구원은 주님을 만나는 그날에 완성될 것이며 구원의 기쁨 또한 절정에 이를 것입니다. 그때까지는 우리의 현재 삶이 우리의 기쁨을 이기지 못하도록 합시다. 우리의 연수가 더할수록 주님을 뵙는 기쁨으로 차오르기 위해서는 어떻게 해야 할까요? 오늘 배움을 통해 깨달은 바를 적용하고 나누어 봅시다.

Lesson 4

너희도 거룩하라

베드로전서 1:13~16

13 그러므로 너희 마음의 허리를 동이고 근신하여 예수 그리스도께서 나타나
실 때에 너희에게 가져다주실 은혜를 온전히 바랄지어다
14 너희가 순종하는 자식처럼 전에 알지 못할 때에 따르던 너희 사욕을 본받
지 말고
15 오직 너희를 부르신 거룩한 이처럼 너희도 모든 행실에 거룩한 자가 되라
16 기록되었으되 내가 거룩하니 너희도 거룩할지어다 하셨느니라

마음의 문을 열며

세속의 급류에 의해 도덕적인 방파제가 무너지고 있습니다. 특히 거룩의 방파제는 균열을 넘어 존재 자체가 위태로울 지경에 이르렀습니다. 현 시대는 '거룩'이라는 말 자체가 외계어처럼 너무도 낯설어졌습니다. 삶을 지배하는 가장 중요한 원리는 즐기는 것이 되었고 이에 방해되는 모든 것에는 분노하는 것이 시대적 현상이 되었습니다. 사람들은 즐기기 위해 너무 많이 마시고, 너무 많이 소비하고, 너무 많이 화를 내고, 너무 늦은 시간까지 깨어 있습니다. 이 모두가 하나님을 떠난 세속의 특징입니다.

오늘 본문은 세상의 즐거움이 더 이상 우리 삶을 지배하지 못하도록 거룩한 자가 되라고 경고합니다. 거룩하지 않으면 하나님과 교제할 수 없고, 거룩하지 않으면 하나님께서 주시는 하늘의 자원을 누리고 살 수 없기 때문입니다. 지금 우리 각자의 형편이 어떠하든 그 자리에서 멈추고 다시 '거룩'이 우리 인생을 조타(操舵)할 수 있기를 바랍니다.

말씀의 씨를 뿌리며

1. 하나님의 택하심을 받고 예수님의 죽으심과 부활하심으로 놀라운 구원의 은혜를 누리는 사람이 성화의 과정을 바르게 걸어가기 위해 취해야 할 삶의 태도는 무엇입니까?

• 13절

2. 마음의 허리를 동이고 근신하라는 말은, 마음과 생각이 지나치게 게으르거나 살찌거나 둔해지지 않도록 항상 하나님께 초점을 맞추고 하나님의 쓰임을 받을 수 있도록 준비하라는 뜻입니다. 당신이 하나님께 쓰임받는 길을 가로막으며, 마음의 허리를 동이고 근신하는 삶을 가장 많이 방해하는 것은 무엇입니까? (참고/ 딤후 3:1~4)

3. 하나님을 모르고 지낸 과거와 하나님을 알게 된 이후의 삶은 완전히 다릅니다. 하나님을 알지 못했을 때의 삶을 성경은 어떻게 표현하고 있습니까?

• 14절

4. 더 이상 사욕을 따르지 말라는 말은 예수님을 믿기 전의 옛날로 돌아가지 말라는 뜻입니다. 더 이상 예전의 삶으로 돌아가지 않겠다고 결심하는 그분의 자녀들에게 하나님께서 요구하시는 삶은 무엇이며 그렇게 살아야 하는 이유는 무엇입니까?

• 15절

5. '거룩'은 내가 진정 하나님의 사람인가, 하나님의 사람으로 살아가고 있는가를 판별하는 시금석이라고 할 수 있습니다. 우리가 '거룩'으로 나아가기 위해서는 반드시 회개의 문, 정결의 문을 통과해야 합니다. 손에 더러움을 움켜쥐고는 '거룩'의 문으로 들어갈 수 없습니다. '거룩'이라는 단어를 처음 듣는 순간, 가장 먼저 생각나는 것은 무엇입니까? 또한 그리스도인으로서 그러한 생각에 부끄럽지 않은 삶을 살고 있습니까?

6. 일상에서 거룩함을 추구하는 것은 어떤 의미인지 생각해보세요.

복음주의 사역자요 저술가로 유명한 게리 토마스(Gary Thomas)는 신앙인이 세상의 유혹에서 벗어나 영적으로 뚜렷한 초점을 가지는 행위를 하나님께 주파수를 맞추는 것이라 표현했습니다. 그러면 현재의 나 자신이 하나님께 주파수를 맞춘 상태인지 아닌지 어떻게 알 수 있을까요? 그는 지금 하나님께 쓰임받을 준비가 되어 있는가, 그렇지 않은가로 알 수 있다고 말합니다. 그는 '거룩'이란 지금 내가 하나님께 쓰임받는 그릇으로 준비된 상태라고 정의합니다. 하나님께 초점을 뚜렷이 맞추면 나타나는 증상이 있습니다. 거룩에 거할수록 마음에 품은 죄가 하나님과 교제할 때 장애가 된다는 사실을 알게 됩니다. 그런 것이 있으면 마음이 괴롭고 영적으로 불쾌해집니다. 그래서 거대한 물고기가 요나를 육지에 토해내듯 거룩을 추구하는 성도는 자기 안에 있는 영적인 장애물을 자기 바깥으로 토해냅니다.

7. 그리스도인의 도덕적 이상은 세상의 것과는 전혀 다릅니다. 신앙의 목표는 역사적인 위대한 영웅이나 성자를 닮는 것이 아니라 우리를 창조하신 거룩한 하나님을 닮는 것입니다. 우리 삶이 따라가지 못해도 하나님은 신앙의 수준을 낮추지 않으시고 하나님 그분이 거룩하신 것처럼 우리도 거룩하게 살 것을 명령하십니다. 거룩하게 살기 위해 지금 당신에게 가장 필요한 것은 무엇입니까? 당신은 이 일을 위해 어떤 결심을 할 수 있습니까?

삶의 열매를 거두며

하나님께서는 그분의 자녀들에게 모든 영역과 행실에서 거룩하라고 명령하십니다. 모든 행실에 거룩한 자가 된다는 것은 아주 사소한 것, 작은 것, 하찮게 보이는 것에서부터 거룩을 실천하는 것을 말합니다. 가장 작은 부분에서 거룩이 드러나지 않는다면, 큰 영역에서도 거룩이 나타나지 않을 것입니다. 큰일에 순종하는 것은 어렵지 않습니다. 하지만 매사 작은 일에 순종하는 것은 어렵습니다. 우리 삶에서 가장 작은 부분에서부터 거룩이 실천될 수 있도록 한 번 더 자신을 돌아보고, 정결하지 못한 것에서 돌아서겠다는 결심의 기도를 드립시다.

Lesson 5

하나님을 두려워하고 형제를 사랑하라

베드로전서 1:17~25

17 외모로 보시지 않고 각 사람의 행위대로 심판하시는 이를 너희가 아버지
라 부른즉 너희가 나그네로 있을 때를 두려움으로 지내라
18 너희가 알거니와 너희 조상이 물려준 헛된 행실에서 대속함을 받은 것은
은이나 금같이 없어질 것으로 된 것이 아니요
19 오직 흠 없고 점 없는 어린 양 같은 그리스도의 보배로운 피로 된 것이니
라
20 그는 창세전부터 미리 알린 바 되신 이나 이 말세에 너희를 위하여 나타내
신 바 되었으니
21 너희는 그를 죽은 자 가운데서 살리시고 영광을 주신 하나님을 그리스도
로 말미암아 믿는 자니 너희 믿음과 소망이 하나님께 있게 하셨느니라
22 너희가 진리를 순종함으로 너희 영혼을 깨끗하게 하여 거짓이 없이 형제
를 사랑하기에 이르렀으니 마음으로 뜨겁게 서로 사랑하라
23 너희가 거듭난 것은 썩어질 씨로 된 것이 아니요 썩지 아니할 씨로 된 것
이니 살아 있고 항상 있는 하나님의 말씀으로 되었느니라
24 그러므로 모든 육체는 풀과 같고 그 모든 영광은 풀의 꽃과 같으니 풀은
마르고 꽃은 떨어지되
25 오직 주의 말씀은 세세토록 있도다 하였으니 너희에게 전한 복음이 곧 이
말씀이니라

마음의 문을 열며

우리가 하나님의 택함을 받은 나그네로서 이 땅을 살아가는 방식은 세상 사람들의 방식과는 다릅니다. 그것은 수직적으로는 하나님을 경외하고 수평적으로는 형제를 사랑하는 것입니다. 하지만 현실은 보이지 않는 하나님보다 보이는 세상을 더 두려워하고, 신앙의 형제보다 세상적인 관계에 더 마음을 쏟게 만듭니다. 이렇게 세상의 중력에 끌려가는 자는 영적으로 필패(必敗)하게 되어 있습니다.

하나님을 두려워하며 살아가는 것은, 주인을 향한 노예의 공포가 아니라 결혼식을 앞둔 신부가 새로운 신분에 걸맞은 삶을 준비하는, 경건한 두려움이라고 할 수 있습니다. 형제를 사랑하는 것은 하나님의 자녀로서 영적 형제애를 가진 자의 마땅한 도리라고 할 수 있습니다. 오늘 말씀 속에서 하나님을 경외하고 형제를 진정으로 사랑하는 법을 배울 수 있기를 바랍니다.

말씀의 씨를 뿌리며

1. 우리가 나그네로 이 땅을 살아가는 동안 자기 마음대로 살지 않고 두려운 마음으로 근신하며 살아야 하는 이유는 무엇입니까?

• 17절

2. 우리가 하나님 앞에서 갖는 두려움은 거룩한 두려움입니다. 이것은 무가치한 우리를 구원하신 하나님의 은혜에 감사하며 하나님의 심정이 아프시지 않도록 조심하는 두려움이라고 할 수 있습니다. 본래 헛된 행실의 쓸모없는 존재인 우리를 하나님께서는 어떻게 대속(代贖)해주셨습니까?

• 18~19절

3. 예수님을 믿기 전의 그 어떤 삶도, 하나님께서 보시기에 무가치하고 헛된 행실일 뿐입니다. 그 이유는 하나님 앞에서는 어떤 공로도 열매를 맺지 못하기 때문입니다. 그처럼 무가치한 사람이 그리스도의 보배로운 피로 구원받은 대속의 은혜를 깨달은 이후에는 형제를 어떻게 대해야 합니까?

• 22절

4. 당신은 믿음의 형제를 뜨겁게 사랑하고 있습니까? 그렇지 않다면 그 이유는 무엇이라 생각합니까? 형제 사랑에 대해 마음에 걸림이 있다면, 아픔을 진솔하게 이야기한 뒤 치유책을 함께 나누어보세요.

5. 우리가 이 땅에서 살아가는 동안 항상 하나님을 경외하고 형제를 뜨겁게 사랑해야 하는 이유는, 그것이 한 번뿐인 인생을 가장 값지게 사는 길이기 때문입니다. 세상의 것을 의지하지 말아야 하는 이유는 무엇이고, 짧은 인생이 영원히 하나님을 경외하면서 형제를 뜨겁게 사랑하며 살 수 있는 비결은 무엇인지 말해봅시다.

• 24~25절

6. 일상에서 형제를 사랑한다는 것은 어떤 의미인지 생각해보세요.

당신에게 고의로 큰 손해를 끼친 사람이 있다. 그런데 어느 날 그가 심장 발작을 일으킨 후, 병원에서 회복 중이라는 소식을 듣게 된다. 당신은 그의 아내에게 전화하여 기도하고 있다고 위로한 뒤 문병을 다녀온다. 당신은 여전히 그가 싫고 그의 못된 짓거리가 못마땅하지만, 그럼에도 감정을 초월하여 커다란 친절을 베푼다. 이 경우, 당신이 어떻게 했는가가 당신이 어떤 사람인가보다 더 중요하다.

이렇게 항변할 이들도 있을 것이다. "그 행위는 가식이고, 위선이다." 나는 말하건대, 그것은 존재에 대한 행위의 승리다. 예수님은 '너희 원수를 사랑하고 너희를 미워하는 자를 선대하라'고 하셨다. 나는 그분이 우리에게 위선을 명하셨다고 보지 않는다. 그리스도인의 헌신은 추상적 개념이 아니다. 그것은 세상을 살아가는 용감하고 강력한 가시적 존재 양식이며, 그 존재 양식은 내면의 진리에 부합된 매일의 선택을 통해 빚어진다. 우리가 예수님의 이 말씀을 그냥 지나친다면 영적 삶이란 한낱 환상에 지나지 않을 것이다.[2)]

7. 예수님을 믿어도 한결같이 하나님을 두려워하고 형제를 사랑하는 것은 쉬운 일이 아닙니다. 우리는 좋은 사람이 곁에 있기를 원하지만, 하나님은 때로 힘들고 어려운 사람을 우리 곁에 두십니다. 그 이유는 좋은 사람들과만 관계를 맺으면 원수까지 사랑하는 진정한 예수님의 사랑을 배울 수 없기 때문입니다. 이에 대한 당신의 생각은 어떻습니까? 당신을 어렵게 하는 사람을 통해 하나님에 대한 사랑에 눈을 뜬 경험이 있으면 나누어봅시다.

삶의 열매를 거두며

인생의 장벽을 헤치며 뚜벅뚜벅 걸어가는 비결은 하나님에 대한 거룩한 두려움을 가지고 사는 것입니다. 자녀에 대한 문제, 배우자에 대한 문제, 동료에 대한 문제, 형제를 뜨겁게 사랑하지 못하는 문제도 실은 우리의 중심을 보시며 우리의 모든 행위를 심판하시는 하나님을 진정으로 두려워하지 않기 때문에 발생하는 것이라 할 수 있습니다. 인생은 풀과 같이 금방 시듭니다. 이 짧은 세상에서 영원하신 하나님의 말씀을 붙듦으로 하나님을 두려워하고 형제를 뜨겁게 사랑하는 말씀의 주인공이 되기 위해 어떻게 살아야 할지 돌아보고 결심의 기도를 드립시다.

Lesson 6

왜 오래 믿어도 성숙하지 못할까?

베드로전서 2:1~3

1 그러므로 모든 악독과 모든 기만과 외식과 시기와 모든 비방하는 말을 버
리고
2 갓난아기들같이 순전하고 신령한 젖을 사모하라 이는 그로 말미암아 너희
로 구원에 이르도록 자라게 하려 함이라
3 너희가 주의 인자하심을 맛보았으면 그리하라

마음의 문을 열며

교회 내에 종교인이 적지 않습니다. 교회의 의식이나 전통에는 익숙하지만 신앙 인격의 변화가 부족한 사람들을 가리켜 종교인이라고 합니다. 이런 사람들은 교회를 다닌 연수는 오래되어도 세상에 선한 영향력을 미치지 못합니다. 몸은 비대하지만 신앙의 근력이 아니라 종교적 껍데기만 굳은 사람들입니다.

오랫동안 교회를 다녀도 변화가 없고 성숙하지 못한 이유는 무엇일까요? 이것은 목양을 하는 목회자의 고민이요 신앙인의 숙제라고 할 수 있습니다. 자신이 성숙했는지 그렇지 못한지는 위기 상황에 처해 보면 압니다. 사실 조금만 흔들어보면 드러나는 그의 말과 행동으로 알 수 있습니다. 오늘 말씀을 통해 신앙 연수를 뛰어넘어 진정한 신앙 인격의 성숙으로 들어가게 되기를 바랍니다.

말씀의 씨를 뿌리며

1. 예수님을 믿는 사람으로서 올바른 그리스도인의 삶을 살기 위해 버려야 할 것은 무엇입니까?

• 1절

2. 1절에서 언급된 버려야 할 것들은 우리가 하늘 시민으로서 살아갈 때 형제 사랑을 방해하고 공동체 의식을 깨뜨리는 것입니다. 이들 각각의 뜻이 무엇인지 생각해보세요. 이외에도 형제 사랑을 깨뜨리고 공동체 의식을 파괴하기 때문에 우리가 버려야 할 것들에는 어떤 것이 있습니까? (참고/ 약 4:1)

• 1절

3. 악을 버리는 것만으로는 신앙의 성숙을 이룰 수 없습니다. 비워진 공간을 신령한 것으로 채우고 늘 새롭게 공급할 때 비로소 성숙으로 나아갈 수 있습니다. 우리 믿는 자들을 영적으로 성숙시키는 것은 무엇입니까?

• 2절

4. 다음 구절을 통해 우리 심령에 채워야 할 신령한 것이 무엇인지 생각해보세요.

• 벧전 1:23

• 벧전 1:25

5. 신자들이 성화의 과정 속에서 영적 성숙을 이루는 길은 순전하고 신령한 것, 즉 하나님의 말씀을 어린아이처럼 사모하고 사슴이 시냇물을 찾아 갈급함같이 간절한 마음으로 먹고 마시는 데 있습니다. 지금 당신은 말씀을 어떻게 먹고 있습니까? 그 말씀이 당신 영혼의 젖줄이요 생명 샘처럼 당신의 심령을 어떻게 살리고 있는지 이야기해보세요.

6. 일상에서 거룩함을 추구하는 것은 어떤 의미인지 생각해보세요.

"그리스도인들이 성숙에 도달하지 못하는 현상이 만연하고 있다. 이유를 한마디로 말하면, 그 마음에 그리스도를 닮으려는 진정한 의도가 없기 때문이고, 혹시 의도가 있다고 해도 의도를 실행하는 순종(결단)이 없기 때문이다. 파괴적 습관으로 겹겹이 둘러싸인 현실의 삶을 뚫고 성숙으로 나아가기 위해서는 영혼의 지진에 견줄 만한 고통스러운 실천이 있어야 한다. 하나님은 우리를 즉석에서 단번에 들어올려 하나님 나라의 변화된 삶, 곧 거룩함으로 옮겨놓지 않으신다.
신자들이 영적 성장을 이루지 못하는 이유는, 적지 않은 사람들이 그리스도인을 그리스도인답게 만드는 성화의 과정을 '신앙의 고달픈 짐'으로 여기고 있기 때문이다. 그러나 그리스도와 동행하는 것을 제대로 배운다면 그것은 짐이 아니다. 새에게 날개가 짐이 아니고 비행기에게 엔진이 짐이 아닌 것과 같은 이치다."[3)]

7. 신앙 인격의 성숙은 하루아침에 이루어지는 것이 아닙니다. 말씀 속에서 하나님을 맛보고 경험했다고 해도 말씀을 지속적으로 행하지 않으면 안 됩니다. 당신의 말씀 생활을 방해하는 것에는 무엇이 있는지 생각해보고, 그것을 정리하는 결심을 나눕시다. (참고/ 마 13:19~22)

• 3절

삶의 열매를 거두며

신자들이 교회를 오래 다녀도 성숙하지 못하는 이유는 자기 속에서 끊어버려야 할 것을 계속적으로 붙잡고 있기 때문입니다. 손에 검정 숯을 쥐고는 흰옷을 입을 수 없습니다. 하나님 앞으로 나아가지 못하게 하고 공동체를 깨뜨리는 것은 과감하게 버려야 합니다. 그런 다음에는 반드시 말씀으로 그 빈 공간을 다시 채워야 합니다. 세상은 우리를 넘어뜨리려고 갖은 애를 쓰지만 살아 있는 하나님의 말씀은 우리를 다시 세워주십니다. 우리 안에서 굳은 마음을 제거하고 말씀을 붙들고 살겠다는 결심의 기도를 드립시다.

Lesson 7

하나님께 쓰임받는 자

베드로전서 2:4~8

4 사람에게는 버린 바가 되었으나 하나님께는 택하심을 입은 보배로운 산
돌이신 예수께 나아가
5 너희도 산 돌같이 신령한 집으로 세워지고 예수 그리스도로 말미암아 하
나님이 기쁘게 받으실 신령한 제사를 드릴 거룩한 제사장이 될지니라
6 성경에 기록되었으되 보라 내가 택한 보배로운 모퉁잇돌을 시온에 두노니
그를 믿는 자는 부끄러움을 당하지 아니하리라 하였으니
7 그러므로 믿는 너희에게는 보배이나 믿지 아니하는 자에게는 건축자들이
버린 그 돌이 모퉁이의 머릿돌이 되고
8 또한 부딪치는 돌과 걸려 넘어지게 하는 바위가 되었다 하였느니라 그들
이 말씀을 순종하지 아니하므로 넘어지나니 이는 그들을 이렇게 정하신
것이라

마음의 문을 열며

세상적으로 보기에는 두드러지는 것이 없지만 하나님께 쓰임받는 인생이 있습니다. 이는 마치 건축하는 사람들은 쓸모없는 것이라 여겨 버렸지만 하나님께서는 그것을 교회의 모퉁잇돌로 삼으시는 것과 같습니다. 세상에서는 아무리 유능한 존재라 해도 일정 기간이 지나면 버려진 존재, 잊힌 존재가 될 수밖에 없습니다. 그러나 하나님 안에서는 세상적으로 버려진 존재라도 귀히 쓰임받는 존재가 될 수 있습니다.

조건이 있다면 예수님과 생명의 접붙임을 하는 것입니다. 예수님 또한 사람들에게는 버림을 받았으나 하나님께는 선택함을 입은 보배로운 산 돌이셨습니다. 우리의 형편과 처지가 어떠하든 보배로운 산 돌이신 예수님께 나아가기만 하면 우리 자신 역시 생명이 약동하는 성전으로 쓰임받을 수 있습니다.

오늘 본문을 통해 예수님과 접붙임 된 사람은 세상적으로 부족한 인생이라 할지라도 하나님께는 귀히 쓰임받는 인생이 될 수 있음을 깨닫고 그렇게 살기를 결심하는 시간이 되기를 바랍니다.

말씀의 씨를 뿌리며

1. 성경은 우리가 믿는 예수님을 어떤 분으로 묘사하고 있습니까?

• 4절

2. 세상에서 부족한 인생이라 해도 하나님께 귀히 쓰임받는 자가 되는 길은 무엇입니까?

• 4b~5a절

3. 우리가 예수님께 나아가면 우리는 어떤 신분으로 바뀝니까?

• 5b절

4. 예수님께 나아가는 자는 하나님의 집을 짓는 산 돌이 되고 하나님을 기쁘시게 하는 거룩한 제사장이 된다는 말씀은 베드로의 경험적인 고백이라고 할 수 있습니다. 본래 버려진 돌, 생명 없는 돌과 같이 부족한 인생이던 베드로가 예수님께 나아가 접붙여지면서 산 돌이 되고 교회를 세우는 반석이 되었습니다. 세상에서는 부족한 인생이라 해도, 베드로처럼 예수님과 연합하기만 하면 하나님을 기쁘시게 하는 거룩한 제사장과 같이 존귀한 신분으로 변화되는 사실을 보며 당신은 무엇을 느낍니까?

5. 믿는 자들에게는 예수님이 보배이지만 믿지 않는 자들에게는 버린 돌이요 부딪치는 돌이요 거치는 반석이 되었다는 말씀을 보며 오늘 하루를 믿음으로 사는 당신은 어떠한 도전을 받습니까? (참고/ 고전 2:13~14)

- 7~8절

6. 다음 글을 읽고 반석 되신 예수님께 생명의 접붙임 된 인생에 대해 생각해봅시다.

생명력 없는 무생물이 예수 그리스도와 접촉하고 난 다음 생명의 역사로 들어간다는 것은 매우 중요한 일입니다. 버려진 돌이 산 돌이 된다는 것은 그 사람이 생명의 역사를 경험하는 삶을 산다는 것을 뜻합니다. 이것은 전적으로 산 돌 되신 예수님께 인생을 올려놓느냐에 달려 있습니다.

토저 목사님은 내 인생이 참으로 반석 되신 예수 그리스도 위에 있는지 알기 위해서는 세 가지 질문을 던져보라고 말합니다.

"나는 누구에게 속했는가?"

"나는 누구에게 충성해야 하는가?"

"나에게 순종을 요구할 권세를 가진 분은 누구인가?"

이 세 가지 질문을 하나로 정리하면 "당신의 주인은 누구인가?"입니다.

7. 세상적으로 부족하고 답답하고 헝클어지고 누수 된 인생이라 해도 예수님을 만나면 집중력 있는 인생, 생명력 있는 삶을 살 수 있습니다. 예수님을 믿는 당신에게서 이러한 삶이 드러나고 있습니까? 그렇지 않다면 그 이유는 무엇이라고 생각합니까?

삶의 열매를 거두며

베드로는 해변가의 자갈처럼 지극히 평범한 사람이었고 영적으로도 우둔한 자였습니다(눅 24:25). 그러나 산 돌이신 예수님께 접붙임을 받은 후에는 당시 지성적으로 가장 똑똑하다는 유대 종교지도자들을 놀라게 했고, 심지어 두렵게 했으며, 하나님의 교회를 세우는 기초석이 되는 거룩한 쓰임을 받았습니다. 그러므로 부족한 우리조차도 산 돌이신 예수님의 이끌림을 받기만 하면 능히 쓰임받을 수 있음을 믿고, 하나님께서 우리 개인을 사용해주시도록 거룩한 열망의 기도를 드립시다.

Lesson 8

새로운 신분을 경험하라

베드로전서 2:9~12

9 그러나 너희는 택하신 족속이요 왕 같은 제사장들이요 거룩한 나라요 그
의 소유가 된 백성이니 이는 너희를 어두운 데서 불러내어 그의 기이한 빛
에 들어가게 하신 이의 아름다운 덕을 선포하게 하려 하심이라
10 너희가 전에는 백성이 아니더니 이제는 하나님의 백성이요 전에는 긍휼을
얻지 못하였더니 이제는 긍휼을 얻은 자니라
11 사랑하는 자들아 거류민과 나그네 같은 너희를 권하노니 영혼을 거슬러
싸우는 육체의 정욕을 제어하라
12 너희가 이방인 중에서 행실을 선하게 가져 너희를 악행 한다고 비방하는
자들로 하여금 너희 선한 일을 보고 오시는 날에 하나님께 영광을 돌리게
하려 함이라

마음의 문을 열며

세상은 사람을 선택할 때에 그의 재능을 보고 결정합니다. 그 자리에 얼마나 적합한 능력을 가지고 있는지가 선택의 기준이 됩니다. 그런데 하나님께서는 그분의 백성을 부르실 때에 그 사람의 재능을 보고 선택하시는 것이 아니라, 먼저 부르시고 선택한 자리에 걸맞게 우리를 변화시키시며 우리 속에서 재능을 이끌어내십니다. 사람을 선택하는 하나님의 방식은 세상의 것과는 전혀 다릅니다. 우리가 하나님 앞에 설 때에는 내가 얼마나 가졌는지, 내가 얼마나 똑똑한지가 중요하지 않고, 하나님께서 쓰실 수 있도록 얼마나 삶의 주도권을 내어드렸는지가 중요합니다.

우리가 예수님을 믿는 순간 결정적인 신분의 변화가 일어납니다. 우리의 재능 때문이 아니라 전적으로 하나님의 무조건적인 선택에 의해서입니다. 오늘 말씀을 통해 하나님께서 우리를 얼마나 특별한 존재로 부르셨는지 생각하고, 그 신분에 걸맞은 자로 살아갈 것을 결심하는 시간이 되기를 바랍니다.

말씀의 씨를 뿌리며

1. 우리가 예수님을 구주로 믿을 때에 영적인 세계에서는 급격한 신분의 변화가 일어납니다. 하나님께서는 우리를 어떤 자리, 어떤 신분으로 부르셨습니까?

• 9a절

2. 하나님께서 우리를 이렇게 부르신 목적은 무엇입니까?

• 9b절

3. 우리가 하나님의 백성이 된 것은 우리의 자격 때문입니까? 아니면 하나님의 전적인 은혜 때문입니까?

• 10절

• 엡 2:8~9

4. 성경에서 하나님의 긍휼이라는 단어를 가장 잘 이해한 사도는 베드로라고 할 수 있습니다. 그는 주님을 세 번이나 부인하고 심지어 저주까지 한 사람입니다. 예수님은 그런 베드로를 용서하시고 하나님의 교회를 세우는 주인공으로 삼으셨습니다. 베드로는 하나님의 긍휼이라는 말을 사용할 때, 그 가슴이 은혜의 감격과 감사의 눈물로 가득 찼을 것입니다. 당신도 하나님의 긍휼에 대해 이러한 은혜를 경험하고 있습니까? (참고/ 눅 7:36~50)

5. 하나님께서는 우리에게 놀라운 신분을 주시지만 그에 걸맞은 행동 또한 요구하십니다. 우리가 하나님의 백성으로서 마땅히 해야 할 바는 무엇입니까? 말씀에 비추어볼 때 당신의 삶은 어떠합니까?

• 11~12절

6. "예수님을 믿는다는 것은 진정 새로운 신분으로 바뀌는 것이다"라는 말의 의미를 생각해보세요.

교도소 사역자로 알려진 찰스 콜슨이 쓴『그리스도인, 이제 어떻게 살 것인가?』라는 책에는 사고로 사람을 죽게 하여 교도소에 들어온 권투선수 대니에 관한 이야기가 나옵니다.
대니는 교도소에 들어온 후 예수님을 믿고 그리스도를 구주로 영접했습니다. 대니는 예수님을 믿고 난 이후 예전에는 없던 고민과 갈등을 하게 되었습니다. 그는 고린도전서를 읽으면서 자신의 몸이 하나님의 성전임을 깨닫게 되었고, 자신의 몸을 지키기 위해 담배를 끊을 수 있도록 강한 의지를 달라고 기도했습니다. 첫날에만 그는 20번을 기도했습니다. 식당에서, 커피를 마시면서, 카드놀이를 하면서…… 담배를 피우고 싶은 모든 곳에서 기도했습니다. 그 싸움은 술과 마약 복용과 같은 영역으로 이어졌습니다. 어느 순간 그는 마약에 대한 욕구를 도저히 거부할 수 없었습니다. 곁에 있던 친구가 "네가 별수 있느냐"는 식으로 그의 신앙을 조롱했습니다. 그 순간 대니는 자기 침대로 달려가 하나님께 힘을 달라고 울부짖었습니다. 대니는 말합니다. "나의 내면에서의 전쟁은 링에서 접한 어떤 상대보다도 싸우기 힘든 대상이었다."
대니는 술과 마약과 담배의 영역에서 옛 습관과 사투를 벌였습니다. 대니와 싸움의 영역은 다를 수 있지만 우리 역시 날마다 옛 습관과 신앙 사이에서 영적 전쟁을 하고 있습니다. 대니 크로스는 영적인 전쟁에서 승리했으며, 석방된 지 10년 뒤에는 자신이 복역한 교도소에 목사로 부임했습니다.

7. 우리가 예수님을 믿음으로써 받게 된 놀라운 신분은 천사도 흠모하는 것입니다. 그럼에도 당신은 하나님의 택하신 사람, 왕 같은 제사장, 거룩한 나라의 백성 된 영광스러운 신분을 잊고 살지는 않습니까? 하나님께는 늘 엎드려도 세상 앞에는 엎드리지 않는 거룩한 자존감이 어떻게 우리의 삶을 움직이는지 서로의 경험을 나누어봅시다.

삶의 열매를 거두며

진정한 그리스도인은 시간이 가면 갈수록 아름다워지는 사람입니다. 겉 사람은 주름지고 늙어가지만, 속사람은 우리 속에서 생명수이신 예수님을 먹고 마심으로 말미암아 언제나 더욱 새로워지기 때문입니다. 오랜 신앙 연륜에도 불구하고 신앙적인 아름다움의 깊이를 갖추지 못한 채 오히려 고집스럽고 괴팍하기까지 하다면, 하나님께서 주신 거룩한 신분에 합당한 삶을 살고 있지 못한 것입니다. 당신의 삶은 세상 사람들이 보기에도 그리스도인의 신분에 걸맞을 만큼 선하고 아름다운 모습입니까?

Lesson 9

자유 속에서 배우는 순종의 가치

베드로전서 2:13~17

13 인간의 모든 제도를 주를 위하여 순종하되 혹은 위에 있는 왕이나
14 혹은 그가 악행 하는 자를 징벌하고 선행하는 자를 포상하기 위하여 보낸 총독에게 하라
15 곧 선행으로 어리석은 사람들의 무식한 말을 막으시는 것이라
16 너희는 자유가 있으나 그 자유로 악을 가리는 데 쓰지 말고 오직 하나님의 종과 같이 하라
17 뭇사람을 공경하며 형제를 사랑하며 하나님을 두려워하며 왕을 존대하라

마음의 문을 열며

아마도 성경의 교리 가운데 가장 실천하기 어려운 교리는 순종의 교리일 것입니다. 순종은 21세기를 사는 사람들에게는 맞지 않는 코드라고 할 수 있습니다. 경직된 권위주의에 대한 반작용으로 개인주의를 더 중시하고, 어떤 면에서는 개인의 독특성을 불가침의 영역으로 삼고 있는 오늘날, 권위에 순종하라는 말은 부적절해 보이기까지 합니다. 그러나 권위에 도전하고 권위를 불신하게 만드는 것의 바탕에는 하나님께 불순종하여 심판을 받은 사탄의 계략이 숨어 있음을 알아야 합니다.

불신과 불순종의 시대를 살고 있는 우리는 어떻게 해야 하나님께 순종하는 신앙인으로 거듭날 수 있을까요? 오늘 본문은 진정한 순종은 진정한 자유 속에서 주어진다는 것을 말하고 있습니다. 신앙인은 자유하되 순종하는 사람이요 순종함으로 자유를 누리는 사람입니다. 말씀을 통해 자유 속에서 진정한 순종의 가치를 배우는 시간이 되기를 바랍니다.

말씀의 씨를 뿌리며

1. 베드로는 그리스도인들에게 세상의 권위에 대한 순종의 기본 원칙을 제시하고 있습니다. 성경이 말씀하는 순종의 원칙은 무엇입니까?

• 13절

2. 하나님께서 이 세상에 권세를 주신 본래의 목적은 무엇입니까?

• 14절

3. 베드로는, 세상의 권위는 하나님께로부터 온 것이기 때문에 순종하라고 권면합니다. 그러나 그리스도인으로서 세상의 불의한 권위에 마땅히 불복종해야 할 때가 있습니다. 다음 구절을 읽고 불의한 권세에 대해 언제 어떻게 하는 것이 성경적인지 이야기해보세요.

• 행 4:17~20

• 행 5:29

4. 그리스도인의 순종은 힘이 없어서 하는 굴종과는 다릅니다. 그리스도인의 순종은 환경이나 상황 가운데 어쩔 수 없어서 하는 순종이 아니라 자유하지만 기꺼이 하는 순종입니다. 성경은 이를 어떻게 표현하고 있습니까?

• 16절

5. 우리는 예수님을 믿고 죄에서 자유한 자들입니다. 그렇기 때문에 우리가 짓는 죄로 인해 하나님과의 관계에서 끊어질 수 없습니다. 그러나 우리가 가진 자유를 영적인 방종으로 삼아서는 안 됩니다. 자유하되 하나님의 종과 같이 그 자유를 사용하라는 말씀의 구체적인 의미는 무엇입니까?

• 17절

6. 거친 세상에서 하나님께 순종한다는 것은 내게 어떤 의미인지 생각해 보세요.

> "순종은 몸을 하나님께 묶는 것이다."
> 바다에서 폭풍이 몰아칠 때에 선원이 파도에 휩쓸리지 않기 위해 배의 돛대에 자신을 묶는 경우가 있다. 현실에서 맞닥뜨리는 상황이 마치 폭풍이 몰아칠 때처럼 세상의 상식이나 논리에 휩쓸리게 하는 경우가 있다. 그럴 때 우리는 가장 우선적으로 하나님께 자신을 묶는 일을 해야 한다. 하나님께 자신을 묶는 것, 이것이 순종의 핵심이다. 그러면 비록 배는 광풍으로 이리저리 흔들리고 집채만 한 파도가 그의 몸을 덮칠지라도, 돛대에 몸을 묶은 선원처럼 자신을 하나님께 묶고 그분의 말씀을 순종함으로 인해 세파에 떠밀리지 않고 안전할 수 있다.[4)]

7. 기본적으로 세상의 권위는 하나님께서 주신 것입니다. "하나님께서 우리를 어떤 순종의 자리에 두셨다면 거기에는 반드시 이유가 있다"는 주장에 대해 당신은 어떻게 생각합니까? 이러한 사실을 받아들임에도 불구하고 우리는 종종 권위를 인정하고 싶지 않거나 적극적으로 충돌할 때가 있습니다. 당신은 그리스도인으로서 어떻게 상황에 대처하며 해결하고 있는지 나누어보세요.

삶의 열매를 거두며

하나님께서는 때로 우리를 불편한 순종의 자리에 두실 때가 있습니다. 그럴 때 하나님의 섭리 속에 있음을 믿고 그 이유를 찾는다면 우리는 한 차원 높은 순종의 자리로 들어설 수 있습니다. 그리고 그 순종을 통해 하나님께서 원하시는 순종과 자유의 거룩한 역학 관계에 눈을 뜰 수 있습니다. 순종이 하나님께서 주시는 진정한 자유를 누리는 길이 됨을 깨닫고 그 결심을 마음의 종이에 적어보세요.

Lesson 10

고통 속에서 배우는 고난의 가치

베드로전서 2:18~25

18 사환들아 범사에 두려워함으로 주인들에게 순종하되 선하고 관용하는 자
들에게만 아니라 또한 까다로운 자들에게도 그리하라
19 부당하게 고난을 받아도 하나님을 생각함으로 슬픔을 참으면 이는 아름다
우나
20 죄가 있어 매를 맞고 참으면 무슨 칭찬이 있으리요 그러나 선을 행함으로
고난을 받고 참으면 이는 하나님 앞에 아름다우니라
21 이를 위하여 너희가 부르심을 받았으니 그리스도도 너희를 위하여 고난을
받으사 너희에게 본을 끼쳐 그 자취를 따라오게 하려 하셨느니라
22 그는 죄를 범하지 아니하시고 그 입에 거짓도 없으시며
23 욕을 당하시되 맞대어 욕하지 아니하시고 고난을 당하시되 위협하지 아니
하시고 오직 공의로 심판하시는 이에게 부탁하시며
24 친히 나무에 달려 그 몸으로 우리 죄를 담당하셨으니 이는 우리로 죄에 대
하여 죽고 의에 대하여 살게 하려 하심이라 그가 채찍에 맞음으로 너희는
나음을 얻었나니
25 너희가 전에는 양과 같이 길을 잃었더니 이제는 너희 영혼의 목자와 감독
되신 이에게 돌아왔느니라

마음의 문을 열며

하나님께서 그분의 자녀들에게 원하시는 것은 외적인 행복보다 영혼의 건강입니다. 그래서 때로는 우리에게 다시 일어서는 법을 가르치시기 위해 우리를 넘어지게 하실 때가 있습니다. 그중의 하나가 고통입니다. 고통을 통해 세상살이에 취해 있는 우리의 내면을 일깨우시고 세상을 바라보는 우리의 눈을 하나님께 향하도록 하시는 것입니다. 하지만 이러한 사실을 알면서도 고통의 강을 지나는 것은 여전히 쉬운 일이 아닙니다.

오늘 말씀을 통해 고통 가운데 하나님을 경험하고 그 고통으로 인해 주님을 더욱 가까이하는 눈을 열어주시기를 바랍니다. 그래서 고통을 당할 때에 하나님께서 내 삶을 어떻게 인도하시는지 세상이 이해하지 못할 설렘으로 바라볼 수 있기를 바랍니다.

말씀의 씨를 뿌리며

1. 지금 베드로는 누구를 향해 무엇을 하라고 말하고 있습니까?

• 18절

2. 본문에 사환이라고 부드럽게 표현되어 있는 말은 본래는 노예를 가리키는 용어입니다. 베드로는 노예들을 향해 좋은 주인에게는 물론이요 까다롭고 거친 주인들에게도 순종하라고 말합니다. 정말 힘들게 노예 생활을 하는 자들은 베드로의 말을 받아들이기 쉽지 않을 것입니다. 그들의 고통에 대한 베드로의 권면은 무엇입니까?

• 19~20절

3. 베드로의 권면은 죄성을 가진 인간의 속성에 맞지 않는 것입니다. 부당하게 취급을 받을 때에 분노하는 것이 인간의 본성입니다. 그럼에도 베드로가 그렇게 말한 이유는 무엇입니까?

• 21절

4. 예수님은 고난을 당하셨을 때 어떤 태도를 보이셨습니까? 당신은 오늘 당하는 고난에 대해 어떻게 반응하고 있습니까?

• 22~23절

5. 예수님께서 부당하고 억울하게 고난을 당하시면서도 괴로움과 고통을 기꺼이 참으신 이유는 무엇이며 그 결과는 어떠합니까?

• 24~25절

6. 다음 글을 읽고 우리가 고통 중에 있을 때 하나님께서는 우리와 어떻게 함께하시는지 생각해봅시다.

예일대학교 신학부 교수였던 니콜라스 월터스토프(Nicholas Wolterstorff)는 자기 아들이 등반 사고로 죽었다는 소식을 듣고 깊은 고통 중에 있을 때, 어느 순간 자신의 고통이 바로 하나님의 고통임을 깨닫게 되었습니다. 그는 아들이 등반 사고로 목숨을 잃은 소식을 접한 심경을 이렇게 적고 있습니다.

"나는 이 깊고도 괴로운 일이 내게 일어난 이유를 설명할 길이 없다. 나는 그 애가 실족하고 추락하는 것을 하나님이 왜 보고만 계셨는지 알지 못한다……. 나를 굽어보시는 분은 어떤 분일까? 검은 구름이 하나님의 얼굴을 가리고 있다. 천천히 구름이 걷힌다. 거기서 내가 본 것은 눈물, 울고 계시는 하나님, 나의 고통을 괴로워하시는 하나님이다. 나는 별생각 없이 하나님의 사랑이 열쇠라는 것을 알고 있었다. 그러나 열쇠가 되는 그 사랑이 고통의 사랑임을 깨닫지 못했다."

7. 부당하게 괴로움을 당할 때 고통을 폭발시키지 않고 하나님을 생각하며 슬픔과 괴로움을 참는 것이 하나님 앞에서 아름다운 일이라는 베드로의 권면에 대해 당신은 어떻게 생각합니까? 예수님처럼 부당하게 욕을 당했을 때, 당신은 하나님을 생각하며 견딘 경험이 있습니까?

삶의 열매를 거두며

과실수가 풍성한 열매를 맺으려면 반드시 가지치기를 해야 합니다. 하나님께서는 우리를 통해 원하시는 열매를 맺고자 고난으로 가지치기를 하실 때가 있습니다. 삶에서 가지치기가 될 때마다 우리는 상처를 입지만, 그것은 주님께서 원하시는 풍성한 열매를 맺는 과정이라 할 수 있습니다. 우리가 고통을 견디는 힘은 하나입니다. "내가 고통 할 때 하나님도 고통 하신다"는 사실을 철저히 믿는 것입니다. 이 진리에 눈이 열리면 고통은 우리를 새로이 성숙시키며 하나님 앞에 아름다운 삶이 되도록 인도할 것입니다.

Lesson 11

하나님 앞에 아름다운 부부의 모습

베드로전서 3:1~7

1 아내들아 이와 같이 자기 남편에게 순종하라 이는 혹 말씀을 순종하지 않
는 자라도 말로 말미암지 않고 그 아내의 행실로 말미암아 구원을 받게 하
려 함이니
2 너희의 두려워하며 정결한 행실을 봄이라
3 너희의 단장은 머리를 꾸미고 금을 차고 아름다운 옷을 입는 외모로 하지
말고
4 오직 마음에 숨은 사람을 온유하고 안정한 심령의 썩지 아니할 것으로 하
라 이는 하나님 앞에 값진 것이니라
5 전에 하나님께 소망을 두었던 거룩한 부녀들도 이와 같이 자기 남편에게
순종함으로 자기를 단장하였나니
6 사라가 아브라함을 주라 칭하여 순종한 것같이 너희는 선을 행하고 아무
두려운 일에도 놀라지 아니하면 그의 딸이 된 것이니라
7 남편들아 이와 같이 지식을 따라 너희 아내와 동거하고 그를 더 연약한 그
릇이요 또 생명의 은혜를 함께 이어받을 자로 알아 귀히 여기라 이는 너희
기도가 막히지 아니하게 하려 함이라

마음의 문을 열며

하나님께서 창조하신 두 가지 제도가 있습니다. 가정과 교회입니다. 이 두 개의 제도는 하나님께서 만드신 것이기 때문에 이 둘을 허무는 것의 배경에는 사탄의 간교한 책략이 숨어 있다고 할 수 있습니다. 따라서 하나님의 자녀 된 그리스도인은 가정과 교회를 세우는 일에 전심전력을 다해야 합니다. 특히 오늘 본문은 아내와 남편을 향해 신앙적인 가정을 세우기 위해서는 어떻게 해야 할지 구체적으로 권면하고 있습니다. 자기감정에 충실한 것을 신앙처럼 여기는 현대인들에게는 쉬운 말씀이 아니지만, 그럼에도 남자와 여자를 창조하시고 인간을 가장 잘 아시는 하나님의 뜻이 담겨 있습니다. 말씀 속에서 아내와 남편을 향한 하나님의 음성을 듣고 그에 제대로 반응하는 시간이 되기를 바랍니다.

말씀의 씨를 뿌리며

1. 아내들이 불신 남편들에게조차 순종해야 하는 이유는 무엇입니까? 또 한 남편들은 아내의 어떤 모습에서 영적인 감동을 받습니까?

• 1~4절

2. 하나님께서 보시는 것은 겉 사람이 아니라 마음에 숨은 사람입니다. 하나님께서는 그분의 자녀들에게 몸의 치장보다 마음의 단장을 원하십니다. 성경에서 말씀하는 속사람이 입는 옷의 특징은 무엇인지 자신의 말로 설명해보세요.

• 4절

3. 보이는 것으로 사람들을 평가하는 이 세상에서 보이지 않는 속사람을 중시하고, 속사람이 건강할 수 있도록 에너지를 집중하는 것은 쉬운 일이 아닙니다. 어떻게 하면 썩지 아니하며 하나님께서 값지게 여기시는 진정한 아름다움, 즉 내면 단장을 잘할 수 있을까요? 당신이 내면을 단장하는 데 있어서 가장 방해되는 것은 무엇입니까?

4. 여성을 남성의 소유물로 여긴 1세기의 상황은 훨씬 더 어려웠습니다. 6절에서 "아무 두려운 일에도 놀라지 아니하면"이라는 말은 예수님을 믿는 아내가 불신 남편에게 당하는 정신적, 물리적 위협을 두려워하지 않고 신앙의 절개를 지키는 것을 뜻합니다. 이와 같은 상황에서도 베드로가 신앙 안에서 남편에게 순종하기를 권한 이유는 어디에 있습니까?

• 5~6절

5. 베드로는 예수님을 믿는 남편들이 아내에 대해 가져야 할 다섯 개의 신앙 윤리를 말하고 있습니다. 남편 된 당신은 이 다섯 가지를 어떻게 실천하고 있습니까? 그중에서 당신이 잘하지 못하는 영역은 무엇입니까?

• 7절

6. 다음 글을 읽고 신앙적으로 성숙한 사람일수록 내면의 미(美)를 발한다는 의미를 생각해보세요.

나이가 들수록 내면이 아름다워지는 것에 대해서는 나무의 나이테를 들어 설명할 수 있습니다. 나이테의 간격이 넓은 것은 나무가 빨리 쉽게 자랐다는 증거이고, 간격이 좁은 것은 나무가 성장하면서 갖가지 풍상과 고초를 겪은 것을 나타냅니다. 목재 건축의 무형 문화재인 한 대목장(大木匠)은 "적송의 결이 보여주는 청아함은 미인의 얼굴보다 더 도취되는 아름다움의 정수"라고 했습니다. 이 말은 촘촘하게 새겨진 나이테의 모습을 보며 긴 세월에 걸친 풍상 속에서도 꿋꿋이 자신을 지킨 나무의 아름다움을 나타낸 것입니다.

나이가 들수록 아름다운 것은 적송뿐이 아닙니다. 한 해 한 해 나이를 더할수록 내면에 아름다움의 결을 쌓으며 인격의 향기를 내는 사람이 있습니다. 내면에 쌓이는 아름다움의 결은 성령의 열매와 통합니다. 사랑의 결, 희락의 결, 화평과 오래 참음의 결, 자비와 양선과 충성의 결, 온유와 절제의 결이 시간이 갈수록 내면에 새겨집니다. 내면의 아름다움을 가진 사람은 나이가 들어 외모는 퇴색할지라도 그 기품이 더욱 빛을 발합니다.

7. 하나님 앞에 아름다운 부부의 모습은, 서로 상대방이 먼저 말씀의 기준을 따라 변화되기를 원하는 태도가 아니라 자신이 먼저 말씀의 기준에 순복하는 태도입니다. '나의 배우자가 이렇게 바뀌었으면……' 하는 마음의 소원을 기도의 제목으로 삼고 하나님의 역사하심을 구하기 바랍니다. 하나님 앞에 아름다운 부부의 모습을 세워가기 위해 바꾸고 실천해야 할 일을 함께 나누어보세요.

삶의 열매를 거두며

부부는 이 땅에서 생명의 은혜를 함께 이어받은 자입니다. 남녀의 차별이 극심한 시대에 하나님의 기업을 공동으로 상속한다는 개념은 당시로서는 일반의 생각을 완전히 뛰어넘는 혁명적인 것이었습니다. 그만큼 하나님께서는 남편과 아내가 평등한 영적 권리를 가지고 서로를 인정하고 사랑할 것을 말씀하십니다. 생명의 은혜를 함께하는 사람으로 배우자를 존중하며 그를 하나님께서 내게 주신 사람으로 믿고 더욱 사랑할 것을 다짐하는 기도를 드립시다.

Lesson 12

도리어 복을 빌라

베드로전서 3:8~12

8 마지막으로 말하노니 너희가 다 마음을 같이하여 동정하며 형제를 사랑하
며 불쌍히 여기며 겸손하며
9 악을 악으로, 욕을 욕으로 갚지 말고 도리어 복을 빌라 이를 위하여 너희
가 부르심을 받았으니 이는 복을 이어받게 하려 하심이라
10 그러므로 생명을 사랑하고 좋은 날 보기를 원하는 자는 혀를 금하여 악한
말을 그치며 그 입술로 거짓을 말하지 말고
11 악에서 떠나 선을 행하고 화평을 구하며 그것을 따르라
12 주의 눈은 의인을 향하시고 그의 귀는 의인의 간구에 기울이시되 주의 얼
굴은 악행하는 자들을 대하시느니라 하였느니라

마음의 문을 열며

땅에는 땅의 윤리가 있습니다. 우리는 땅에 발을 딛고 있기 때문에 땅의 규범을 따라야 합니다. 그러나 동시에 하늘에 속한 사람들로서 우리에게는 하늘의 법을 지켜야 할 의무가 있습니다. 땅은 우리에게 남에게 피해를 주지 말라고 합니다. 손해를 끼치는 자에게는 책임을 물라고 합니다. 그러나 하늘의 법칙은 원수를 사랑하고 도리어 복을 빌라고 말합니다.

죄성을 가진 인간이 자신을 어렵게 하고 괴롭게 하는 자를 사랑하는 것은 불가능한 일입니다. 그럼에도 불구하고 이러한 인간의 속성을 누구보다 잘 아시는 하나님께서 자신을 어렵게 하는 사람을 향해 도리어 복을 빌라고 명령하십니다. 오늘 말씀을 통해 원수를 사랑하고 그들을 향해 복을 빌 수 있는 영적 용량을 키우는 시간이 되기를 바랍니다.

말씀의 씨를 뿌리며

1. '마지막'이라는 말에는 유언처럼 함부로 변개할 수 없는 무게감이 있습니다. 그만큼 8절 이하의 말씀에는 그리스도인들을 향한 절대 명령과도 같은 권면이 담겨 있습니다. 성도들은 믿음의 형제들을 어떻게 대해야 합니까?

• 8절

2. 우리에게 악을 행하는 자들에게는 어떻게 대하라고 말씀하고 있습니까? 우리가 그렇게 할 때 받는 유익은 무엇입니까? (참고/ 눅 10:5~6)

• 9절

3. 베드로는 성도들을 향해 복의 문을 여는 참된 비결을 말하고 있습니다. 우리에게 악을 행하고 상처를 주고 고통스럽게 하는 자들을 대하는 자세와 관련하여 베드로는 땅의 법칙과는 전혀 다른 새로운 처방전을 제시합니다. 응징하거나 보복하고 싶은 사람을 도리어 축복하면 그 사람에게 빈 복이 자신에게로 돌아온다고 말하고 있습니다. 이것이 9절 하

반절에서 말하는 복을 이어받는다는 뜻입니다. 말씀에 비추어 당신을 괴롭게 하는 자들에 대해 지금까지 당신이 취한 태도는 어떻습니까?

4. 베드로가 인용한 다윗의 말은 오랜 세월 가운데 이미 검증된 말씀입니다. 수천 년 동안 은혜를 주신 하나님의 지혜가 이 말씀 가운데 담겨 있습니다. 이 땅에서 행복하고 즐겁게 살기 위해 우리가 해야 할 것은 무엇입니까?

• 10~11절

5. 때로 억울함을 겪으며 상처에 아파함에도 불구하고 자신을 어렵게 하는 사람에 대해 보복하지 않고 복을 빌 수 있는 힘은 어디에서 나옵니까?

• 12절

6. 다음 글을 읽고 원수까지 축복할 수 있는 길을 생각해보세요.

원수를 축복할 때, 어떤 일이 일어날까요? 이에 대해서는 C. S. 루이스의 『순전한 기독교』에 나오는 '가장(假裝)합시다'라는 글을 통해 살필 수 있습니다. 대개의 경우는 마음이 시키는 대로 몸이 따라갑니다. 그런데 루이스는 늘 가면을 쓰고 산 한 남자의 이야기를 통해 마음이 몸을 따라가는 예를 듭니다. 남자는 자신을 잘생겨 보이게 하려고 수년간 가면을 쓰고 지냈습니다. 그런데 어느 날 가면을 벗자 얼굴이 가면과 같이 바뀌어 있었습니다. 위장이 실제가 된 것입니다. 우리가 축복할 때, 바로 이 원리가 작동합니다. 마음은 그렇지 않더라도 입술을 통해 축복할 때, 그는 축복의 가면을 쓰는 것입니다. 그렇게 마음에도 없는 축복의 가면을 하루, 이틀 그리고 한 달, 두 달, 나아가 일 년, 이 년을 쓰고 지내면 축복의 가면을 벗어도 어느새 그는 이미 축복의 사람으로 변해 있는 것입니다.

7. 원수를 향해 도리어 복을 빌라는 말씀은 악한 사람들이 득실거리는 이 세상과 어울리지 않는 말씀처럼 보입니다. 본문을 모두 다룬 지금 이 시간에도 고의적으로 당신을 괴롭히고 지속적으로 상처를 준 사람에 대해 여전히 보복하고 싶은 마음이 남아 있을지 모릅니다. 사람의 힘으로는 역부족인 이 상황을 당신은 어떻게 돌파할 수 있습니까?

삶의 열매를 거두며

복음의 은혜에 빚진 자의 심정을 갖지 않고는 원수를 사랑하고 도리어 복을 비는 것은 불가능합니다. 우리 힘으로는 결코 감당할 수 없습니다. 죄로 원수 되었던 우리를 위해 십자가에 못 박히신 예수님의 사랑을 한 번 더 생각하고 묵상할 수 있기를 바랍니다. 우리의 모든 형편을 아시는 하나님께서 고통 중에도 함께해주심을 믿음으로 고백하는 기도를 드립시다.

Lesson 13

적대적인 세상에서 믿음으로 중심 잡기

베드로전서 3:13~17

13 또 너희가 열심으로 선을 행하면 누가 너희를 해하리요
14 그러나 의를 위하여 고난을 받으면 복 있는 자니 그들이 두려워하는 것을
두려워하지 말며 근심하지 말고
15 너희 마음에 그리스도를 주로 삼아 거룩하게 하고 너희 속에 있는 소망에
관한 이유를 묻는 자에게는 대답할 것을 항상 준비하되 온유와 두려움으
로 하고
16 선한 양심을 가지라 이는 그리스도 안에 있는 너희의 선행을 욕하는 자들
로 그 비방하는 일에 부끄러움을 당하게 하려 함이라
17 선을 행함으로 고난받는 것이 하나님의 뜻일진대 악을 행함으로 고난받는
것보다 나으니라

마음의 문을 열며

기독교의 절대적 진리가 세상의 전후좌우에서 지속적으로 공격받는 시대가 되었습니다. 교회에 대한 적대감이 점점 높아지고 있습니다. 인간 지성이 활개를 치면서 하나님의 진리가 폄하되는 세상이 되었습니다. 비진리가 진리처럼 득세하고 있습니다. 이처럼 적대적인 세상에서 어떻게 믿음의 중심을 잡고 살 수 있을까요?

우리는 말씀 속에서 세속의 중력을 거스르는 힘을 얻을 때에만 믿음의 중심을 잡고 살 수 있습니다. 하나님의 영광을 생각하는 것만으로도 다시금 우리의 심령이 격동되고 믿음의 야성을 회복함으로써 적대적인 세상을 무력화하는 능력으로 옷 입는 시간이 되기를 바랍니다.

말씀의 씨를 뿌리며

1. 베드로가 소아시아 지역에 편지를 보낼 당시 교인들은 극심한 핍박을 받고 있었습니다. 예수님을 믿음으로 말미암아 목숨의 위협을 받고 있던 교인들에게 베드로는 적대적인 세상에서 어떻게 믿음으로 살 수 있는지 말합니다. 베드로의 첫 번째 권면은 무엇입니까?

• 13절

2. 적대적인 세상에서 믿음을 가지고 살아가기 위한 두 번째 권면은 무엇입니까?

• 14절

3. 적대적인 세상에서 믿음을 가지고 살아가기 위한 세 번째 권면으로 베드로는 믿음의 도리를 질문하는 자들에게 보여야 할 세 가지 태도를 말합니다. 각각을 자신의 말로 풀어 설명해보세요. 세 가지 중 당신이 더 채우고 순종해야 할 말씀은 무엇입니까?

• 15절

4. 소망의 이유를 묻는 자들에게 신자로서 진정 보여주어야 하는 것으로 베드로는 무엇을 강조하고 있습니까?

• 16절

5. 적대적인 세상은 믿는 자들을 어떻게 하든 중상하고 해치려 합니다. 그런데 성경은 이 세상에서 신자들이 선을 행하다가 고난받는 것은 하나님의 뜻이라고 말씀합니다. 그 이유는 무엇이라고 생각합니까?

• 17절

6. 적대적인 세상에서 진정한 그리스도인으로 살기 위해서는 어떻게 해야 하는지 생각해보세요.

우리가 선한 양심으로 신앙생활을 한다면 적대적인 세상을 두려워할 필요가 없습니다. 우리는 일터에서 종교적인 티가 아니라 영적인 티를 내야 합니다. 사실 선한 양심으로 크리스천답게 일하기 위해서는 몸이 힘들고 일이 어려워질 수 있습니다. 그럼에도 그렇게 할수록 세상을 두려워하지 않는 용기 또한 생깁니다.

한국유리 창업자인 최태섭 회장의 이야기가 있습니다. 그는 사업 초기에 콩을 사들여 중국인에게 파는 중개무역을 했습니다. 물건을 중국 상인에게 인도하기 전 갑자기 콩값이 폭등했습니다. 주변의 무역상들은 위약금을 물고 다른 상인들에게 물건을 팔아넘겼습니다. 그러나 최 회장은 중국 상인에게 두말 않고 약속한 물건을 넘겼습니다. 물건을 받은 중국 상인이 최 회장의 신용을 소문내었으므로 최 회장은 나중에 더 큰 수익을 낼 수 있었습니다. 중요한 것은 그의 고백입니다.

"사람들은 나를 보고 운이 좋다는 식으로 말하지만, 나는 하나님의 인도하심을 구했을 뿐이고 정직과 신용으로 사업을 이끌라고 가르쳐주신 분은 바로 하나님이십니다."[5)]

7. 당신은 예수님을 믿는 것 때문에 어려움을 당한 적이 있습니까? 신앙 양심으로 선한 일을 행하다가 고통당한 적이 있습니까? 예수님을 믿는 것 때문에 직접적인 어려움에 처한 일은 없을지 몰라도 신자로 사는 것은 점점 어려워지고 있습니다. 기독교인으로서 부닺힌 난처한 상황이 있었다면 함께 나누고, 적대적인 세상에서 어떻게 신앙 양심을 가지고 믿음을 지켜야 할지 각자의 다짐을 말해보세요.

삶의 열매를 거두며

마귀의 지배가 있는 세상에서 신자들은 뱀처럼 지혜롭고 비둘기처럼 순결하게 살아야 합니다. 이는 예수님이 제자들을 세상에 보내실 때 이리 가운데 보냄과 같다며 하신 말씀입니다(마 10:16). 그런데 이 땅에서 하늘의 지혜와 순결함을 가지고 적대적인 세상에서 흔들림 없이 살기 위해서는 반드시 붙잡아야 하는 깊은 진리가 있습니다. 선을 행하다가 고난당하는 것을 하나님의 선한 뜻으로 믿고 사는 것입니다. 이렇게 기도합시다. “하나님, 이 땅에서 주님을 위해서 선을 행하다가 고난받는 것을 이상히 여기지도 두려워하지도 말게 하소서.”

Lesson 14

복음의 핵심, 승리하신 그리스도

베드로전서 3:18~22

18 그리스도께서도 단번에 죄를 위하여 죽으사 의인으로서 불의한 자를 대신
하셨으니 이는 우리를 하나님 앞으로 인도하려 하심이라 육체로는 죽임을
당하시고 영으로는 살리심을 받으셨으니
19 그가 또한 영으로 가서 옥에 있는 영들에게 선포하시니라
20 그들은 전에 노아의 날 방주를 준비할 동안 하나님이 오래 참고 기다리실
때에 복종하지 아니하던 자들이라 방주에서 물로 말미암아 구원을 얻은
자가 몇 명뿐이니 겨우 여덟 명이라
21 물은 예수 그리스도께서 부활하심으로 말미암아 이제 너희를 구원하는 표
니 곧 세례라 이는 육체의 더러운 것을 제하여 버림이 아니요 하나님을 향
한 선한 양심의 간구니라
22 그는 하늘에 오르사 하나님 우편에 계시니 천사들과 권세들과 능력들이
그에게 복종하느니라

마음의 문을 열며

이 세상에서 절망을 모르는 유일한 공동체는 교회입니다. 이유는 분명합니다. 세상의 모든 절망을 끊고 사망을 이긴 예수님이 교회의 머리가 되시기 때문입니다. 예수님의 복음이 교회의 복음이요 예수님의 승리가 성도의 승리입니다. 여기에서 벗어난 그 어떤 것도 하나님의 말씀 위에 있지 않습니다.

예수님의 승리는 십자가를 통한 승리입니다. 예수님이 십자가에서 죽임을 당하신 목적은 우리를 살리기 위함입니다. 이 진리는 우리가 이 땅에서 어떻게 살아야 하는지 방향을 제시합니다. 오늘 말씀을 통해 우리를 위해 죽으신 예수님을 묵상함으로써 승리의 주님을 붙잡고 신자답게 사는 것은 무엇인지 배울 수 있기를 바랍니다.

말씀의 씨를 뿌리며

1. 18절 말씀은 복음에서 가장 핵심입니다. 예수님은 우리를 어떻게 대속하셨습니까?

• 18a절

2. 예수님이 우리의 죄를 대속하신 목적은 무엇입니까?

• 18b절

3. 18절 하반절인 "육체로는 죽임을 당하시고 영으로는 살리심을 받으셨으니"라는 말씀을 다음 구절과 비교하여 그 말씀의 의미를 생각해보세요.

• 롬 1:3~4

• 롬 8:10~11

4. 죄의 권세를 꺾으시고 죽음에서 부활하여 승천하신 예수님에 대해 성경은 어떻게 말씀하고 있습니까?

• 22절

5. 베드로는 노아의 가족이 구원을 받은 심판의 물을 세례의 물에 비유하고 있습니다. 과거를 심판하고 새 출발을 의미한다는 면에서 보면 둘 다 같습니다. 예수님의 피값으로 새로운 삶을 얻은 우리는 어떻게 살아야 합니까?

• 21절

• 엡 4:22~24

6. 승리하신 그리스도의 영광이 이 땅에서 우리를 이끄는 원동력이 되는 이유를 생각해보세요.

중세의 청교도 신학자 존 오웬(John Owen)은 "성도의 가장 큰 복락은 그리스도의 영광에 참여하는 것이다"라고 말했습니다. 그리고 이렇게 덧붙였습니다. "이 세상에 태어나 영원한 세계에 이르기까지 신자들이 누리는 최고의 특권 가운데 하나는 그리스도의 영광을 보는 것이다." 신자로서 그리스도의 영광을 보고 참여하는 것이 얼마나 중요한지는 제자들을 위한 예수님의 기도에서도 잘 나타납니다. "내게 주신 나의 영광을 그들로 보게 하시기를 원하옵나이다"(요 17:24). 구약에서는 그리스도의 영광을 보기를 무척 사모한 사람들이 있었습니다. 모세는 "원하건대 주의 영광을 내게 보이소서"(출 33:18)라고 말했습니다. 또한 아직 모형과 그림자로써만 그리스도의 영광을 볼 수 있던 다윗은 "내가 주의 권능과 영광을 보기 위하여 이와 같이 성소에서 주를 바라보았나이다"(시 63:2)라고 기도했습니다.

하나님의 사람인 모세와 다윗이 그토록 주의 영광을 보고 싶어 한 이유는 무엇입니까? 그것은 우리 영혼의 궁극적인 복락과 안식과 만족이 여기에 있기 때문입니다. 오웬은 그리스도의 영광은 이 세상의 모든 고통 속에 들어 있는 독소를 제거하는 최고의 해독제라고 했습니다. 이는 우리가 그리스도의 영광을 바라보며 살 수 있다면 이 세상의 풍파나 고통은 능히 이겨낼 수 있다는 뜻입니다.

7. 부활하시고 승천하신 예수님 앞에 우주의 모든 권세가 엎드려 복종하고 있습니다. 예수님이 우리 죄를 위해 십자가에서 죽으셨다는 사실이 고통과 어려움의 터널을 지나는 이 땅의 믿는 자들에게 어떤 의미가 되고 있습니까?

삶의 열매를 거두며

지금도 사탄은 승리하신 예수 그리스도를 보지 못하도록 세상의 온갖 것으로 우리 눈을 가리고 있습니다. 우리는, 하나님의 영광에 눈을 뜨기만 하면 이 땅에서의 풍파나 고통은 능히 이길 수 있습니다. 예수님의 승리가 일상을 살아가는 당신에게 승리의 능력이 되고 있습니까?

Lesson 15

얼마나 달라야 하나

베드로전서 4:1~6

1 그리스도께서 이미 육체의 고난을 받으셨으니 너희도 같은 마음으로 갑옷
을 삼으라 이는 육체의 고난을 받은 자는 죄를 그쳤음이니
2 그 후로는 다시 사람의 정욕을 따르지 않고 하나님의 뜻을 따라 육체의 남
은 때를 살게 하려 함이라
3 너희가 음란과 정욕과 술 취함과 방탕과 향락과 무법한 우상 숭배를 하여
이방인의 뜻을 따라 행한 것은 지나간 때로 족하도다
4 이러므로 너희가 그들과 함께 그런 극한 방탕에 달음질하지 아니하는 것
을 그들이 이상히 여겨 비방하나
5 그들이 산 자와 죽은 자를 심판하기로 예비하신 이에게 사실대로 고하리
라
6 이를 위하여 죽은 자들에게도 복음이 전파되었으니 이는 육체로는 사람으
로 심판을 받으나 영으로는 하나님을 따라 살게 하려 함이라

마음의 문을 열며

예수님을 믿기 전은 물론이요 예수님을 믿고 나서도 과거의 삶에서 자유하는 것은 쉬운 일이 아닙니다. 물론 우리는 예수님을 믿은 이후 십자가의 능력을 누림으로 육신의 법칙보다는 은혜의 법칙 아래 다스림을 받고 있습니다. 그러나 부패한 본성이 남아 있기에 틈만 나면 과거로 돌아가려는 육신의 본성이 있습니다. 마귀는 어떻게 해서라도 여러 가지 세속의 중력으로 우리 목을 조이려 합니다. 옛 습관이 우리를 파괴하고 괴롭힐 때, 우리는 바울처럼 "오호라! 나는 곤고한 사람이로다. 이 사망의 몸에서 누가 나를 건져내랴"라고 탄식하게 됩니다. 어떻게 해야 하나요? 이제는 정말 달라져야 하는데, 여전히 옛 모습을 보이는 우리 자신을 어떻게 하면 좋을까요? 오늘 말씀을 통해 우리 각자에게 주시는 하나님의 강력한 음성을 듣기 바랍니다.

말씀의 씨를 뿌리며

1. 이 세상에 발을 딛고 사는 한 어느 누구도 고난을 피할 수는 없습니다. 하지만 예수님을 믿는 사람은 고난에 대해 불신자와 다른 모습을 보여야 합니다. 고난을 당할 때 신자의 모습은 어떠해야 합니까? (참고/ 시 119:71)

• 1절

2. 고난에 대해 새로운 자각을 하게 된 성도들의 삶은 어떻게 달라져야 합니까?

• 2절

3. 성경은 예수님을 믿지 않고 세상의 정욕대로 사는 모습에 대해 구체적으로 어떻게 말씀하고 있습니까?

• 3절

4. 당신은 예수님을 믿은 이후 과거와 얼마나 달라졌습니까? 혹시 3절 말씀처럼 과거의 생활 속에 젖어 있지는 않습니까? 예수님을 믿은 후에 변화된 당신의 삶을 나누고 아직 끊지 못한 옛 습관이 있다면 무엇 때문에 그러한지 고민을 이야기해보세요.

5. 예수님을 믿고도 때로는 불신 친구들의 비난이 두려운 까닭에 혹은 그들과 어울리지 못할까 염려되어 여전히 옛 모습에 안주할 때가 있습니다. 그럼에도 우리가 이러한 유의 비난과 염려를 단호히 물리치고 신자로서의 삶을 살아야 하는 이유는 무엇입니까? (참고/ 롬 14:12)

• 4~5절

6. 다음 글을 읽고 옛 습관에서 벗어나는 길이 무엇인지 생각해보세요.

"오, 하늘에서 손이 내려와 이 지긋지긋한 죄에서 나를 건져준다면……." 고대 철학자 세네카의 외침입니다. 이러한 절규는 지금도 계속되고 있습니다. 우리는 파괴적인 예전 습관의 굴레에서 벗어나고 싶어 하지만 옛 습관은 틈만 나면 우리의 목을 조여듭니다. 과거에 술 중독으로, 성 중독으로 혹은 화를 폭발하는 성향으로 고통 하다가 간신히 돌아선 사람들은 자신도 모르는 사이에 자석처럼 옛 습관에 끌려 고통 하다가 다시 빠져나오려 할수록 자기 삶을 파멸시키는 끔찍한 습관 속에 빠지고 맙니다. 왜 자기 파괴적인 습관들은 그렇게도 끈질기고 강력할까요? 왜 하나님은 이러한 습관으로부터 우리를 구원하지 않는 걸까요?

한편으로 우리는 예전의 못된 습관에서 벗어났다고 말하지만, 실상은 나를 묶고 있는 쇠사슬의 길이를 조금 더 늘인 것에 지나지 않을 때가 있습니다. 쇠사슬에 묶인 사람은 쇠사슬의 길이만큼만 자유로울 뿐입니다. 사실 우리가 육신의 장막을 입고 있는 한 죄의 사슬에서 완전히 자유할 수는 없습니다. 성령의 지배에서 벗어나는 순간, 우리는 여지없이 죄의 영향력에 사로잡힐 수밖에 없습니다.

7. 세상에 붙잡힌 인생은 지나간 때로 족합니다. 예수님을 믿은 이후 잃어버린 것과 얻은 것을 깊이 생각해보고 예수님을 믿고 나서도 달라진 것이 없다면 그 이유는 무엇인지 진솔하게 나누어보세요.

삶의 열매를 거두며

예수님을 믿지만 말씀에 순종하는 실천이 따르지 않으면 옛 생활과 결별한 삶의 변화를 이룰 수 없습니다. 말씀처럼 참으로 지나간 때가 족합니다. 아직도 옛 생활 속에 머물러 있다면 더 이상은 그렇게 살지 않겠다는 믿음의 고백 아래 마음의 중무장을 해야 합니다. 이러한 믿음의 결단을 함과 동시에 우리 힘으로는 세속의 중력을 감당할 수 없으므로 “성령님이여, 연약한 나를 도우소서”라는 간절한 기도를 드립시다.

Lesson 16

그리스도인이 무엇보다 먼저 할 것

베드로전서 4:7~11

7 만물의 마지막이 가까이 왔으니 그러므로 너희는 정신을 차리고 근신하여
기도하라
8 무엇보다도 뜨겁게 서로 사랑할지니 사랑은 허다한 죄를 덮느니라
9 서로 대접하기를 원망 없이 하고
10 각각 은사를 받은 대로 하나님의 여러 가지 은혜를 맡은 선한 청지기같이
서로 봉사하라
11 만일 누가 말하려면 하나님의 말씀을 하는 것같이 하고 누가 봉사하려면
하나님이 공급하시는 힘으로 하는 것같이 하라 이는 범사에 예수 그리스
도로 말미암아 하나님이 영광을 받으시게 하려 함이니 그에게 영광과 권
능이 세세에 무궁하도록 있느니라 아멘

마음의 문을 열며

예수님이 오신 이후를 사는 모든 이들은 마지막 때를 사는 사람들입니다. 성경은 이 사실을 만물의 마지막이 가까이 왔다는 말로 표현합니다. 노아 시대의 사람들이 홍수로 멸망하기 직전까지도 태평하게 산 것처럼 현대인들 역시 자신들의 삶이 마지막 시침(時針)에 걸쳐 있음을 깨닫지 못하고 있습니다.

죽음을 앞둔 사람은 그렇지 않은 때와 전혀 다른 모습으로 살게 됩니다. 같은 시간이지만 죽음을 인식한 전후로 전혀 달라지기 때문입니다. 베드로는 믿는 자들에게 이것을 요구합니다. '만물의 마지막을 사는 너희들은 이전과는 다르게 살아야 한다. 그러기 위해서는 영적인 긴장을 가지고 가장 먼저 해야 할 일이 있다'고 엄중히 권면합니다.

오늘 말씀을 통해 종말의 때를 살아가는 믿는 자가 가장 먼저 해야 할 것은 무엇인지 배울 것입니다. 흐트러진 우리가 말씀 속에서 다시금 영적인 위기의식을 일깨우고 심령의 단장을 함으로 누수 없이 살아가는 거룩한 통찰이 있기를 바랍니다.

말씀의 씨를 뿌리며

1. 만물의 마지막 때를 살아가는 신자의 자세는 어떠해야 합니까? (참고/ 롬 13:11~12)

• 7절

2. 종말을 살아가는 신자들이 우선순위를 가지고 하나님께 해야 할 것이 있고 사람에게 해야 할 것이 있습니다. 하나님께 해야 할 것이 기도라면 사람에게 해야 할 것은 무엇입니까? 또 그렇게 해야 하는 이유는 무엇입니까?

• 8절

3. 사랑은 허다한 죄를 덮는다는 말씀은 예수님이 그분의 거룩하신 몸으로 우리 죄를 가리어주셨듯이 우리 몸으로 다른 사람의 죄를 가리어서 세상 사람들에게 드러나지 않게 한다는 뜻입니다. 이것은 죄를 숨기는 것과는 전혀 다른 의미입니다. 예수님이 우리 죄를 자신의 죄로 알고 대신 지셨듯이 형제의 죄에 대해 진정으로 마음 아파하고 그로부터 벗

어날 수 있도록 구체적으로 돕는 것을 말합니다. 이런 의미에서 당신은 형제의 부족함을 가리는 사랑을 하고 있습니까?

4. 깨어 있음으로 근신하여 기도하고 형제를 뜨겁게 사랑하면 나타나는 현상이 있습니다. 두 가지를 정리해보세요.

• 9~10절

5. 사도 베드로는 마지막 때에 첫째는 근신하여 기도하고, 둘째는 형제를 뜨겁게 사랑하고, 셋째는 형제 대접하기를 기쁘게 하고, 넷째는 자신의 은사를 선한 관리자로서 사용하도록 네 가지를 권면합니다. 우리가 이러한 권면을 심중에 두고 행해야 하는 궁극적인 이유는 무엇입니까? 왜 이를 기억하면서 행하는 것이 중요할까요?

• 11b절

6. 형제의 허다한 죄를 덮는 진정한 용서는 어떻게 해야 하는지 생각해보세요.

『완전한 용서(*Total Forgiveness*)』의 저자 R. T. 켄달은 "다른 사람이 회개하기를 기다리면 평생을 기다려야 할 것"이라고 말합니다. 우리에게 상처를 준 사람들은 종종 그 사실을 모르고 있거나 모르는 척하거나 둘 중 하나입니다. 그래서 그 사람에게 잘못한 것을 일깨워주려고 하면 오히려 싸움이 일어나게 됩니다. 그럼에도 성경은 우리에게 상처를 준 사람을 용서하고 그의 죄를 덮어줘야 한다고 말합니다. 켄달은 그리스도인이 무엇보다 먼저 해야 할 여섯 가지 진정한 용서에 대해 이렇게 말합니다. 첫째, 누군가 나에게 상처 준 사실을 아무에게도 말하지 않는다. 둘째, 나에게 상처 준 사람을 협박하지 않는다. 셋째, 나에게 상처 준 사람이 자책감을 느끼게 하지 않는다. 넷째, 나에게 상처 준 사람의 체면을 서게 한다. 다섯째, 진정한 용서를 무기징역을 선고받은 것처럼 받아들인다. 무기한으로 용서한다. 여섯째, 나에게 상처 준 사람을 축복하고 그를 책임에서 해방시켜준다.

7. 지금 이 시간은 신학적인 의미에서도 말세이지만 개인적인 의미에서도 종말적이라고 할 수 있습니다. 믿는 자들의 경우, 오늘이 마지막 날이 될 수 있음을 인식하면 죽음 이후에 하나님 앞에 서게 될 자기 자신을 준비하는 거룩한 긴장을 품을 수 있습니다. 당신은 오늘 하루를 어떻게 살았습니까? 베드로가 말한 네 가지 권면에 비추어볼 때 계속해서 지금처럼 산다면 하나님 앞에 부끄러움 없이 설 자신이 있습니까?

삶의 열매를 거두며

모든 인생은 하나님께 영광을 드리는 데 그 목적을 두고 있습니다. 여기에서 벗어나는 모든 것은 하늘의 관점에서 볼 때 무가치하고 의미가 없습니다. 그럼에도 믿는 자들조차 무가치하고 의미 없는 것을 위해 인생을 낭비합니다. 중요한 것은 하나님 앞에 설 때에 인정받는 행위입니다. 오늘 말씀을 통해 신자의 삶에서 우선순위로 두어야 하는 것에 대해 새롭게 도전받은 것을 나누어보고 함께 기도합시다.

Lesson 17

그리스도인으로서 받는 고난을 이상히 여기지 마라

베드로전서 4:12~19

12 사랑하는 자들아 너희를 연단하려고 오는 불 시험을 이상한 일 당하는 것
같이 이상히 여기지 말고
13 오히려 너희가 그리스도의 고난에 참여하는 것으로 즐거워하라 이는 그의
영광을 나타내실 때에 너희로 즐거워하고 기뻐하게 하려 함이라
14 너희가 그리스도의 이름으로 치욕을 당하면 복 있는 자로다 영광의 영 곧
하나님의 영이 너희 위에 계심이라
15 너희 중에 누구든지 살인이나 도둑질이나 악행이나 남의 일을 간섭하는
자로 고난을 받지 말려니와
16 만일 그리스도인으로 고난을 받으면 부끄러워하지 말고 도리어 그 이름으
로 하나님께 영광을 돌리라
17 하나님의 집에서 심판을 시작할 때가 되었나니 만일 우리에게 먼저 하면
하나님의 복음을 순종하지 아니하는 자들의 그 마지막은 어떠하며
18 또 의인이 겨우 구원을 받으면 경건하지 아니한 자와 죄인은 어디에 서리
요
19 그러므로 하나님의 뜻대로 고난을 받는 자들은 또한 선을 행하는 가운데
에 그 영혼을 미쁘신 창조주께 의탁할지어다

마음의 문을 열며

베드로전서에는 고난에 관한 내용이 반복적으로 나옵니다. 그것은 이 편지를 받는 사람들이 예수님을 믿는다는 이유로 형언할 수 없는 고난의 환경 속에 있었기 때문입니다. 만일 이 세상이 전부라면 믿는 자들처럼 불쌍한 사람도 없을 것입니다. 신자들이 받는 고난이 누구도 모르는 혼자만의 것이라면 이 역시 불행한 고난이라 할 수 있습니다.

그러나 우리의 고난이 불쌍하지도 불행하지도 않은 것은 예수님이 그 고난의 중심에 계시기 때문입니다. 우리가 처한 현재의 어려움을 가장 잘 아시는 분도 예수님이요 우리의 고난에 가장 고통 하시는 분도 예수님이며, 우리를 붙들고 고난의 터널 끝까지 가주실 분도 예수님입니다. 특히 신앙으로 인한 고난의 가치와 영광에 눈뜰 수 있기를 바랍니다. 이것은 험한 세상을 살아가는 우리가 고통의 강을 힘 있게 지날 수 있는 원동력이 됩니다. 오늘 말씀을 통해 고난 뒤에 계시는 주님을 확고히 붙잡는 시간이 되기를 바랍니다.

말씀의 씨를 뿌리며

1. 불 시험처럼 무서운 시험조차 이상히 여기지 말고 그리스도의 고난에 참여하는 것을 즐거워해야 하는 이유는 무엇입니까?

• 12~14절

2. 그리스도의 고난에 참여한다는 것은 구체적으로 무슨 뜻입니까?

• 14a절

3. 예수님을 믿고 나서 예수님 때문에 가정적으로, 사회적으로 어려움을 당한 적이 있습니까? 이를 서로 나누는 가운데 격려하는 시간을 가집시다.

4. 예수님 때문에 받는 영광스러운 고난이 있는가 하면 부끄러운 고난도 있습니다. 그리스도인이 당하지 말아야 하는 고난에는 어떤 것이 있습니까?

• 15절

5. 지금과 같은 적대적인 세상에서 그리스도인으로 살아가는 것은 세속의 강물을 거슬러 올라가는 것과 같은 어려움과 험난한 고통을 수반합니다. 때로는 사면이 막힌 듯 보이는 것은 험악한 산지뿐이며, 삶의 의지까지 꺾일 만큼 극심한 불 시험을 당할 때가 있습니다. 그러할 때 그리스도인이 온전히 붙들고 의지해야 할 것은 무엇입니까?

• 19절

6. 다음 글을 읽고 신앙의 선배들이 고난 속에서 본 주님의 얼굴을 묵상해보세요.

> 12년에 걸친 감옥 생활 동안 『천로역정』을 쓴 존 버니언(John Bunyan), 평생 우울증에 시달리면서도 우리의 가슴을 뜨겁게 하는 찬송 「샘물과 같은 보혈은」을 작사한 윌리엄 쿠퍼(William Cowper), 22살부터 결핵으로 피를 토하는 육체의 고통 속에서도 인디언 선교에 목숨을 바친 데이비드 브레이너드(David Brainerd)…… 이들이 삶을 통해 고백한 것에는 공통적인 깨달음이 있습니다. 바로 "고난이라는 섭리의 찡그린 얼굴 뒤에는 주님의 미소가 감춰져 있다"는 사실입니다. 우리 가운데 감옥에 갇힌 버니언보다, 정신적으로는 쿠퍼보다, 육체적으로는 브레이너드보다 상황적으로 어려운 사람은 많지 않을 것입니다. 그러나 이들이 "고난이라는 섭리의 찡그린 얼굴 뒤에는 주님의 미소가 감춰져 있다"고 고백했다면 우리 역시 그 같은 고백을 할 수 있을 것입니다.[6)]

7. 고난은 신앙의 진위(眞僞)를 가려내는 영적 리트머스 시험지요 신앙 인격의 민낯을 드러내는 세찬 폭우와도 같습니다. 한편으로 고난은 하나님을 만나는 첩경이요 신앙인만이 누릴 수 있는 특권이라 할 수 있습니다. 당신은 고난을 어떤 이름으로 풀어낼 수 있습니까? 이번 과를 통해 불 시험조차 그리스도인에게는 결코 이상한 것이 아니며 그것은 하나님께 우리를 의탁하는 기쁨의 과정이라고 분명하게 고백할 수 있습니까?

삶의 열매를 거두며

고난은 누구에게도 반가운 손님이 될 수 없습니다. 하지만 신앙이 깊어질수록 세상적으로는 도무지 이해되지 않는 이상한 설렘이 고난 가운데 있습니다. "하나님께서는 이 고난의 끝에서 나를 어디로 인도하실까?" 그리하여 "고난당한 것이 내게 유익이라"는 시인의 고백이 우리의 험한 인생 여정 가운데 동일하게 감사함으로 고백되어져야 합니다. 이것이 그리스도인의 진면목입니다. 하나님을 의지함으로써 영적 대장부처럼 고난에 맞서게 해달라고 기도합시다.

Lesson 18

이끄는 자와 따르는 자의 신앙 원리

베드로전서 5:1~6

1 너희 중 장로들에게 권하노니 나는 함께 장로 된 자요 그리스도의 고난의
증인이요 나타날 영광에 참여할 자니라
2 너희 중에 있는 하나님의 양 무리를 치되 억지로 하지 말고 하나님의 뜻을
따라 자원함으로 하며 더러운 이득을 위하여 하지 말고 기꺼이 하며
3 맡은 자들에게 주장하는 자세를 하지 말고 양 무리의 본이 되라
4 그리하면 목자장이 나타나실 때에 시들지 아니하는 영광의 관을 얻으리라
5 젊은 자들아 이와 같이 장로들에게 순종하고 다 서로 겸손으로 허리를 동
이라 하나님은 교만한 자를 대적하시되 겸손한 자들에게는 은혜를 주시느
니라
6 그러므로 하나님의 능하신 손 아래에서 겸손하라 때가 되면 너희를 높이
시리라

마음의 문을 열며

교회는 세상적 법칙이 아닌 영적 원리에 의해 움직이는 유기적 공동체입니다. 섬김을 받는 자보다 섬기는 자가 큰 곳이 교회요 받는 자보다 주는 자가 복된 곳이 교회입니다. 이것은 이끄는 자와 따르는 자에게도 그대로 적용됩니다. 이끄는 자일수록 더 많이 희생하고 더 많이 사랑하고 더 많이 섬겨야 하며, 따르는 자는 순종과 겸손으로 허리를 동이는 것, 바로 생명의 공동체인 교회가 살아가는 법입니다.

오늘날 교회에서 파열음이 일어나는 것은 이러한 신앙 원리가 제대로 작동하지 않기 때문입니다. 더 많이 섬기고 희생해야 할 자가 섬김과 희생을 요구할 때, 순종과 겸손으로 영적 질서에 순복해야 할 자가 아집과 불순종의 길을 갈 때, 하나님의 교회는 바로 세워질 수 없습니다. 오늘 말씀을 통해 이끄는 자와 따르는 자의 신앙 원리가 우리 속에 깊이 뿌리내리기를 바랍니다. 그리하여 "보라 형제가 연합하여 동거함이 어찌 그리 선하고 아름다운고"라는 시인의 감탄이 우리의 노래가 되기를 기도합니다.

말씀의 씨를 뿌리며

1. 지금까지 베드로는 여러 계층의 사람들을 권면했습니다. 사환들, 아내와 남편 그리고 모든 성도들을 권면했습니다. 이제 서신을 마무리하면서 교회를 이끄는 장로들과 따르는 젊은이들에게 마지막 권면을 하고 있습니다. 베드로는 장로들을 권면하면서 자신에 대해 어떻게 소개하고 있습니까?

• 1절

2. 베드로가 장로들을 권면하면서 자신에 대해 "나는 함께 장로 된 자" "그리스도의 고난의 증인" "나타날 영광에 참여할 자"라고 소개한 의도는 무엇이라고 생각합니까?

3. 교회에서 장로들은 어떠한 자세를 취해야 합니까?

• 2~3절

4. 하나님의 양 무리를 치고, 맡은 일을 억지로 하지 말고 하나님의 뜻을 따라 자원함으로 하며, 더러운 이익을 위하여 하지 말고 기쁜 마음으로 하고, 주장하는 자세가 아니라 섬기는 자세로 하는 것은 장로들은 물론이요 모든 평신도 지도자들에게도 적용되는 권면입니다. 베드로의 권면에 당신을 비추었을 때 자신의 섬김과 봉사가 만족스럽습니까? 그렇지 못하다면 이유는 무엇입니까?

5. 베드로는 젊은이들을 향해서도 간절히 권면합니다. 연령상의 의미 때문에 젊은이라고 표현할 것일 수도 있지만 이는 예수님을 믿은 지 얼마 되지 않는 새 신자들을 포함하여 넓게는 모든 성도들에 대한 권면이라 할 수 있습니다. 베드로는 교회의 리더십에 순종하라고 권면하면서 성부 하나님께 드린 예수님의 순종의 능력에 대해 말합니다. 당신은 교회 지도자에게 순종하고 있습니까? 예수님이 보이신 순종의 능력에 대해 서로 이야기해보세요. (참고/ 롬 5:19)

- 5절

6. 다음 글을 읽고 지도자의 상급에 대해 생각해보세요.

신실한 영적 지도력으로 섬기는 사람들에게 주시는 하나님의 말씀이 있습니다. 다음은 일평생 영혼을 섬기는 데 삶을 소진한 바울 사도의 고백입니다. "우리의 소망이나 기쁨이나 자랑의 면류관이 무엇이냐 그의 강림하실 때 우리 주 예수 앞에 너희가 아니냐 너희는 우리의 영광이요 기쁨이니라"(살전 2:19~20). 바울 사도에게는 그를 통해 변화된 사람이 바로 하나님께서 주시는 상급이라는 뜻입니다. 세상에서 받는 명예나 권력이나 부는 우리의 상급이 아닙니다. 우리를 통해 주님을 조금이라도 닮아가는 사람들이 바로 우리의 상급입니다. 주님 만날 때에 그들이 바로 우리의 면류관이요 영광이요 기쁨입니다. 이것이 영혼을 섬기는 신실한 영적 지도력을 감당하는 사람들에게 주시는 하나님의 상급입니다. 볼품없어 보이는 작은 소자 하나를 섬기고 그를 위해 영적 지도력을 발휘했다면, 그 소자가 주님 오시는 그때에 나의 면류관이요 나의 자랑이요 나의 상급이 된다는 사실을 믿으시기 바랍니다. 이 세상에서는 아무리 애를 써도 다른 사람의 눈에는 실패자로 보일 수 있습니다. 그러나 진정으로 영혼을 섬기는 사람들에게는 바울 사도의 고백처럼 마지막 때에 영광과 기쁨이 기다리고 있습니다.[7]

7. 순종과 겸손은 성도의 삶을 영위하는 두 개의 바퀴와 같습니다. 사도 베드로는 장로처럼 이끄는 자와 젊은이들처럼 따르는 자 모두를 향해 겸손할 것을 명령적으로 권면합니다. 교회와 같은 신앙 공동체에서는 하나님의 나라를 세우는 일에 있어 겸손이 중추적 역할을 하기 때문입니다. 겸손하지 못해 망한 자와 겸손함으로 높임을 받은 예를 성경에서 찾아보고 겸손한 자에게 주시는 은혜에 대해 이야기해보세요.

• 6절

삶의 열매를 거두며

신앙인은 겸손이라는 배를 타고 섬김과 순종이라는 노를 저어 천국을 향해 항해하는 사람들입니다. 하나님의 나라로 들어가는 문은 어느 누구도 머리를 쳐들고는 들어갈 수 없는 좁은 문입니다. 겸손으로 허리를 동이는 것은 예수님이 수건으로 허리를 동이고 대야에 물을 떠서 제자들의 발을 씻기시는 모습을 연상시킵니다. 순종하라는 권면에서는 죽기까지 하나님께 순종한 예수님의 모습이 보입니다. 지금 당신은 겸손으로 허리를 동이고 순종으로 발을 묶고 지체들을 섬기고 있습니까?

Lesson 19

마귀를 대적하는 구명 장비

베드로전서 5:6~11

6 그러므로 하나님의 능하신 손 아래에서 겸손하라 때가 되면 너희를 높이
시리라
7 너희 염려를 다 주께 맡기라 이는 그가 너희를 돌보심이라
8 근신하라 깨어라 너희 대적 마귀가 우는 사자같이 두루 다니며 삼킬 자를
찾나니
9 너희는 믿음을 굳건하게 하여 그를 대적하라 이는 세상에 있는 너희 형제
들도 동일한 고난을 당하는 줄을 앎이라
10 모든 은혜의 하나님 곧 그리스도 안에서 너희를 부르사 자기의 영원한 영
광에 들어가게 하신 이가 잠깐 고난을 당한 너희를 친히 온전하게 하시며
굳건하게 하시며 강하게 하시며 터를 견고하게 하시리라
11 권능이 세세 무궁하도록 그에게 있을지어다 아멘

마음의 문을 열며

누구나 한 번씩은 인생이라는 바다에서 뒤집히는 경험을 합니다. 그럴 때 중요한 것은 구명조끼입니다. 구명조끼를 입고 있는 사람은 거친 파도가 휘몰아치거나 배가 뒤집혀도 살아남을 수 있습니다. 신앙인에게도 이러한 구명조끼가 있습니다. 이것만 붙들고 있으면 거친 세파 속에서도 건강한 신앙인으로서 전진할 수 있습니다.

오늘 본문은 믿는 자라면 고난의 때에 반드시 지니고 있어야 할 영적인 구명장비에 대해 말합니다. 비상시를 위해 구명 장비를 항상 곁에 두듯이 영적인 구명 장비 역시 언제든 사용할 수 있도록 우리 속에 체화(體化)시켜야 합니다. 말씀 속에서 우리가 붙잡아야 할 구명 장비는 무엇인지 확인하고 그것을 내 것으로 삼는 시간이 되기를 바랍니다.

말씀의 씨를 뿌리며

1. 마귀의 계략에서 믿는 자의 삶을 건져내는 첫째 되는 영적 구명 장비는 겸손입니다. 신자의 겸손은 어디에서 시작되며 그렇게 할 때 오는 은혜는 무엇입니까?

• 6절

2. 둘째 되는 영적인 구명 장비는 무엇입니까? 그렇게 해야 한다고 말씀하는 이유는 무엇입니까?

• 7절

3. 우리가 영적인 구명 장비로 갖춰야 할 세 번째는 근신하고 깨어 있는 것입니다. 그렇게 해야 하는 이유는 무엇입니까?

• 8절

4. 오늘도 영적 세계에서는 대적 마귀가 하나님의 자녀를 삼키기 위해 우는 사자처럼 기회를 엿보며 틈나는 대로 달려들고 있습니다. 이럴 때 어떻게 하는 것이 대적 마귀를 이기는 길일까요? 당신은 마귀를 대적하고 있습니까?

• 9절

5. 우리가 고난의 때에 믿음을 굳게 하는 이유는 우리 힘으로는 마귀를 싸워 이길 수 없기 때문입니다. 하나님께서 나 대신 싸우시고, 나를 최선의 길로 인도하시며, 내 삶에서의 모든 것 나아가 고난조차도 합력하여 선을 이루어가시리라는 믿음이 우리에게는 있습니다. 믿음을 굳게 하여 마귀를 대적할 때, 하나님은 우리를 어떻게 인도하십니까?

• 10절

6. 다음 글을 읽고 신자의 거룩한 긴장은 생명 줄과 같다는 것을 묵상해 보세요.

유혹을 길들인다는 것, 죄를 길들인다는 것은 불가능합니다. 실제로 미국에서 일어난 끔찍한 일은 다음과 같습니다. 곰 전문가 티모시 트레드웰은 매해 여름 알래스카의 회색 곰을 찾아 그들과 평화롭게 지내며 촬영을 했습니다. 그는 「데이비드 레터맨 쇼」에 출연해서 곰은 대체로 무해하며 사교적인 동물이라고 말했습니다. 그로부터 2년이 지난 2003년 10월 6일, 트레드웰과 여자친구의 시신이 알래스카 반도의 카트마이 국립공원에서 발견되었습니다. 이 비극적인 사건이 주는 교훈은 분명합니다. 야생의 맹수는 교화될 수 없다는 것입니다. 아무리 야생동물이 사람들에게 편안함과 믿음을 심어준다고 해도 그들은 조만간 본성에 따라 행동할 것입니다. 그렇다면 야생동물보다 훨씬 더 치명적인 죄와 가까이하면서도 살아남을 수 있다고 생각하는 이유는 무엇입니까? 어떤 죄는 무해하다는 무의식 때문일지도 모릅니다. 하지만 이 생각은 여러분의 마음 깊숙한 곳에서 마귀가 여러분을 시험하는 소리입니다.[8]

7. 우리는 마귀를 강하게 대적하기 위해 능력을 받아야 합니다. 이것은 첫째, 주 안에서 겸손하고, 둘째, 염려를 다 주께 맡기고, 셋째, 근신하고 깨어 있으며, 넷째, 믿음을 굳게 하는 영적인 구명 장비를 갖추는 일에서부터 시작해야 합니다. 지금 당신의 삶에서 특별히 더 조이고 닦고 기름 쳐야 할 구명 장비는 무엇입니까? 어떻게 하면 이러한 구명 장비를 당신의 것으로 삼을 수 있을까요?

삶의 열매를 거두며

고난의 바다에서 우리가 살아남는 길은 영적인 구명 장비를 단단히 갖추는 것입니다. 먼지가 쌓인 채 녹슬어 있는 구명 장비는 결정적일 때 사용할 수가 없습니다. 언제 어디서도 사용할 수 있도록 준비하지 않거나 본능적으로 사용할 수 있도록 숙달되지 않으면 위기의 순간에 도움을 받을 수 없습니다. 대적 마귀는 우는 사자처럼 삼킬 자를 찾고 있습니다. 당신이 지금 손에 들고 있는 구명 장비는 무엇입니까? 다시 한 번 말씀을 정리한 후, 부족한 부분을 위해 간절히 기도합시다.

Lesson 20

우리는 영가족이요 하나입니다

베드로전서 5:12~14

12 내가 신실한 형제로 아는 실루아노로 말미암아 너희에게 간단히 써서 권
하고 이것이 하나님의 참된 은혜임을 증언하노니 너희는 이 은혜에 굳게
서라
13 택하심을 함께 받은 바벨론에 있는 교회가 너희에게 문안하고 내 아들 마
가도 그리하느니라
14 너희는 사랑의 입맞춤으로 서로 문안하라 그리스도 안에 있는 너희 모든
이에게 평강이 있을지어다

마음의 문을 열며

이제 베드로는 서신서를 마무리하고 있습니다. 그는 고난당하는 믿음의 형제들이 은혜에 굳게 서고 심령의 평안을 누리기를 간절히 소원했습니다. 베드로가 이 서신서를 쓴 이유는 떨어져 지내는 성도들이 받고 있는 고난을 자신의 것으로 알았기 때문입니다. 주 안에서는 시공을 초월하여 모두가 한 형제요 같은 기쁨과 아픔을 나누는 영적 가족임을 절절히 보여주고 있습니다. 이러한 공동체 의식, 영적 가족 의식은 힘든 와중에도 우리를 살아가게 하는 힘이 됩니다. 주 안에서 한 형제와 자매 되는 것이 얼마나 소중하고 감사한 일이며, 서로의 마음을 나누고 마음을 함께하는 것이 얼마나 힘이 되는지 확인하는 시간이 되기를 바랍니다.

말씀의 씨를 뿌리며

1. 베드로가 소아시아에 흩어져 있는 성도들에게 보낸 편지에서 가장 쓰고 싶어 한 내용은 무엇입니까?

• 12절

2. 베드로의 편지를 대필한 실루아노는 참고 구절을 통해 살펴볼 때 어떤 사람인 것으로 생각됩니까? (참고/ 행 16:25; 행 17:14)

• 12a절

3. 성경에 나타난 마가의 인생에는 극적인 측면이 있습니다. 마가의 삶은 어떠했습니까?

• 13b절

• 막 14:51~52

• 행 15:36~39

• 딤후 4:11

4. 세상의 관점으로 볼 때 실루아노와 마가의 삶은 주연급은 아니지만 어느 자리에서나 쓰임받는 인생이었습니다. 때로는 그들 역시 실수했지만 다시금 일어나 더 큰 일꾼이 되었습니다. 사실 하나님의 나라에는 조연이 없습니다. 조금 더 드러나느냐, 그렇지 않으냐의 차이만 있을 뿐 하나님 나라에서는 모든 사람이 주연입니다. 당신은 교회 안에서 어느 곳에서나 쓰임받는 일꾼으로 서 있습니까? 혹시 마가처럼 일시적인 실수에도 불구하고 다시 일어나 주의 일에 헌신하고 있다면 함께 나누어봅시다.

5. 베드로가 그의 서신서에서 일관되게 보여주는 것이 있습니다. 그의 서신서에는 편지를 받는 신자들에 대한 염려와 사랑이 처음부터 끝까지 담겨 있습니다. 예수님을 믿는 자는 모두가 영적으로 한 가족이요 영원한 가족이라는 의식이 확고했기 때문입니다. 당신은 믿는 형제들에 대해 이러한 영가족 의식이 있습니까? 그렇다면 이러한 지체 의식은 어떻게 표현되고 있는지 경험을 나누어보세요.

• 벧전 1:2

• 14절

6. 다음 글을 읽고 신앙 공동체가 주는 의미를 생각해보세요.

지난 3년 동안 손과 발과 다리와 눈에 여러 번에 걸친 수술을 받으면서, 나는 기독교 공동체 안에서 실로 풍성한 나눔의 축복을 경험했다. 이곳 밴쿠버 교회 지체들은 나에게 따뜻한 격려의 말을 아끼지 않았고 포틀랜드의 병원까지 나를 태워주었으며, 나를 위해 식사를 준비해주고 집안 청소를 해주기도 했다. 버팀대와 붕대를 하고 있던 기간 동안 목발과 휠체어를 마련해주고, 나를 위해 중보기도를 해주었다. 이런 모든 헌신(다양한 은사를 가진 사람들로부터 받은 많은 도움)은 우리 공동체에 더욱 큰 기쁨을 주었다. 만약 그들의 도움이 없었다면 마이런과 내가 그 시기를 어떻게 이겨낼 수 있었을까 생각하며 감사에 젖곤 한다.[9]

7. 예수님의 보혈로 구원받은 모든 사람들은 주 안에서 한 피를 나눈 형제요 자매입니다. 예수님의 피값으로 한 형제자매가 되었기에 세상의 그 무엇으로도 나눌 수 없는 영적인 가족입니다. 하지만 이러한 사실 자체가 우리에게 저절로 영가족 의식을 고양시키지는 않습니다. 믿음의 형제들에 대한 영가족 의식을 깊고 든든히 하는 비결은 무엇입니까?

삶의 열매를 거두며

신약에서 예수님의 십자가 사랑을 직접 경험한 제자들이 쓴 서신서들의 공통점은 영가족에 대한 염려와 사랑입니다. 불같은 고난을 당하는 사람들에게 산 소망과 위로의 마음을 절절히 전하는 베드로전서의 주제는 21세기를 사는 모든 믿는 이들의 주제가 되어야 합니다. 믿음의 형제들에 대한 염려와 사랑은 오늘날을 살아가는 믿음의 형제들이 가장 필요로 하는 절대 요소이기도 합니다. 믿음의 동반자 없이는 이 험한 세상의 나그네 같은 인생길을 걸어갈 수 없습니다. 당신은 믿음의 형제들에 대해 얼마나 가족애를 느끼며 그들을 어떻게 도우려는 마음을 가지고 있습니까?

※본 교재에 사용된 예화는 다음 책의 글을 인용하거나 필요에 따라 다듬은 것입니다.

1) 기독교직장연구소, 『월간 직장사역』 2012년 1월호
2) 브레넌 매닝, 『아바의 자녀』
3) 달라스 윌라드, 『마음의 혁신』
4) 케이 워렌, 『위험한 순종』
5) 기독교직장연구소, 『월간 직장사역』 2012년 6월호
6) 존 파이퍼, 『고난의 영웅들』
7) 옥한흠, 『소명자는 낙심하지 않는다』
8) 낸시 레이 드모스, 『하나님이 함께하시는 성품, 거룩함』
9) 마르바 J. 던, 『희열의 공동체』